公路工程试验检测技术操作手册

Yanshi Jiliao ji Kuangfen Shiyan
岩石、集料及矿粉试验

江西省交通工程质量监督站

江苏省交通科学研究院股份有限公司

主编

人民交通出版社

图书在版编目(CIP)数据

公路工程试验检测技术操作手册. 岩石、集料及矿粉试验/江西省交通工程质量监督站,江苏省交通科学研究院股份有限公司主编. — 北京:人民交通出版社,2013.10
ISBN 978-7-114-10868-6

Ⅰ.①公… Ⅱ.①江… ②江… Ⅲ.①道路工程-石料路面-路面试验-检测-技术手册 Ⅳ.①U416.03-62

中国版本图书馆 CIP 数据核字(2013)第 212306 号

公路工程试验检测技术操作手册
书　　名:**岩石、集料及矿粉试验**
著 作 者:江西省交通工程质量监督站
　　　　　江苏省交通科学研究院股份有限公司
责任编辑:韩亚楠　崔　建
出版发行:人民交通出版社
地　　址:(100011)北京市朝阳区安定门外外馆斜街 3 号
网　　址:http://www.ccpress.com.cn
销售电话:(010)59757973
总 经 销:人民交通出版社发行部
经　　销:各地新华书店
印　　刷:北京市密东印刷有限公司
开　　本:880×1230　1/32
印　　张:3.25
字　　数:63 千
版　　次:2013 年 10 月　第 1 版
印　　次:2013 年 10 月　第 1 次印刷
书　　号:ISBN 978-7-114-10868-6
定　　价:298.00 元(含光盘)

(有印刷、装订质量问题的图书由本社负责调换)

编审委员会

主 任 委 员：胡钏芳
副主任委员：栾建平
委　　　员：徐远明　孙雪伟　李　强　陈李峰
　　　　　　朱木锋　唐建亚　杨建新　王新武
　　　　　　吕　晟　谭显峰　梅　薇　封晓桃
　　　　　　刘吉睿　卞加前　于文全　刘　兵
特 邀 专 家：韩以谦　李玉珍

编写委员会

主　　　编：胡钏芳
副 主 编：栾建平　吴幸华　陈李峰
编 写 人 员：唐建亚　孙雪伟　胡兴国　徐远明
　　　　　　胡　亮　卢　健　卢和远

序

随着我国公路建设事业的飞速发展,试验检测工作对公路工程质量安全的基础保障作用日益突显,各级交通运输主管部门、质监机构和参建单位对试验检测数据重要性的认识普遍提高。

真实、准确、客观、公正的试验检测数据是控制和评定工程质量、保障工程施工安全和运营安全的重要依据和基本前提,是推进技术进步和加强质量管理的先导,是严把工程质量的重要关口。

真实、准确、客观、公正的试验检测数据来源于正确的操作。对于试验检测规程、规范的学习应用,理解的偏差、操作方法的不同、错误的习惯做法都会对试验检测的准确性和有效性造成很大影响。受传统授课方式的限制,实际操作往往难以按照标准、规程所规定的方法和步骤完整、规范、熟练地进行。因此,亟需一部直观、生动、实用的试验检测操作教材。

为此,在总结提炼公路工程试验检测操作成功经验的基础上,江西省交通工程质量监督站、江苏省交通科学研究院股份有限公司历经两年,精心摄制了《公路工程试验检测技术操作手册》教学片。教学片遵循科学与实用的原则，以国家和部颁技术规范、规程、标准为依据，包含了公路工程原材料、水泥混凝土、无机结合料、沥青混合料、现场检测五大类70余个参数试验检测项目，演示了试验检测操作的全部过程。有助于不同层次的试验检测人员掌握试验操作步骤、要点，对规范试验检测操作具有较强的实用性和指导性。

近年来为提高试验检测人员水平，各级质监机构和检测机构采取了不少措施，结合工程建设特点组织了技能竞赛、技术比武、实验室比对等活动。应该说，试验检测人员水平总体是不断提高的。但是，客观地讲，试验检测人员水平与我国公路建设不断加快发展的需要还不相适应。《公路工程试验检测技术操作手册》及教学片的出版发行为当前在全国范围内开展试验检测人员继续教育提供了良好教材。希望，所有试验检测人员要增强对试验检测事业的责任心和使命感，认真学习操作，掌握技巧，破解难点，以良好的职业道德和过硬的业务素质，推动试验检测行业持续健康发展。

交通运输部工程质量监督局副局长

2013 年 8 月

前　　言

为了认真贯彻落实交通运输部《高速公路施工标准化活动实施方案》，推广高速公路建设典型示范经验，推进江西省高速公路建设管理标准化活动，进一步提升试验检测工作水平，促进试验检测操作标准化，江西省交通运输厅、江西省交通工程质量监督站、江苏省交通科学研究院股份有限公司联合编写了《公路工程试验检测技术操作手册》，并专门录制了学习光盘，分为六个分册。

本学习光盘摄制规模之大，在国内尚属首次。课题组选取了公路工程主要试验检测项目进行学习视频的摄制，手册主要包括原材料、水泥混凝土、无机结合料、沥青混合料、现场检测五大类共70个参数的试验检测项目。学习光盘的摄制工作分了七个工作小组，参加人员超过50人，并聘请了多名资深试验检测专家担任摄制工作的顾问，完成了2个样片的摄制和制作工作，组织专家召开了2次摄制台本和试验视频的评审会，为保证教学片摄制质量奠定了良好基础。

手册与学习光盘配套使用，具有"图文并茂，专业性强，通俗易懂"的优质效果。以路基、路面、桥涵等工程中的原材料试验、混合料配合比设计试验，施工抽检试验，交工验收检测等为主线，以现行试验规程和设计、施工技术规范及其他相关技术标准、资料为主要内容，涵盖了公路工程试验检测的各个方面。手册所引用的试验方法、技术标准都出自最新版本，所有试验方法均有注意事项栏。本手册可为试验检测行业不同层次水平的从业人员实现有效的可视化学习，不受时间、空间的限制，提高效率，可有效指导施工、提升工程质量，也可有效宣传江西省试验检测管理标准化活动的实践成果，为实现江西省交通运输厅提出的让"标准成为习惯、习惯符合标准、结果达到标准"的目标发挥重要作用。

本手册和学习光盘可供建设单位、监理单位和施工单位试验检测人员、管理人员使用，对于未涵盖的内容，应依据有关法律、法规和相关标准、规程执行。本手册在编写过程中得到了各级领导和专家的指导，在此一并表示感谢。由于编制时间仓促，疏漏之处在所难免，各有关单位和从业人员在使用本教材时，如发现问题或欲提出改进意见，请函告江西省交通工程质量监督站。

地　　址：南昌市沿江北路18号，邮编：330008。

编　者
2013年8月

目 录

1 总则 …………………………………………………… 1
2 岩石试验 ……………………………………………… 2
  2.1 单轴抗压强度试验
      (参照 T0221—2005 执行) ………………………… 2
3 粗集料试验 …………………………………………… 7
  3.1 粗集料及集料混合料的筛分试验
      (参照 T0302—2005 执行) ………………………… 7
  3.2 粗集料密度及吸水率试验(网篮法)
      (参照 T0304—2005 执行) ………………………… 17
  3.3 粗集料密度及吸水率试验(容量瓶法)
      (参照 T0308—2005 执行) ………………………… 23
  3.4 水泥混凝土用粗集料针片状颗粒含量试验
      (规准仪法)(参照 T0311—2005 执行) ………… 29
  3.5 粗集料针片状颗粒含量试验
      (游标卡尺法)(参照 T0312—2005 执行) ……… 33
  3.6 粗集料压碎值试验
      (参照 T0316—2005 执行) ………………………… 36
  3.7 粗集料磨耗试验(洛杉矶法)
      (参照 T0317—2005 执行) ………………………… 42
  3.8 粗集料软弱颗粒试验

　　　　　（参照 T0320—2000 执行）................ 46
4　细集料试验 49
　4.1　细集料筛分试验
　　　　（参照 T0327—2005 执行）................ 49
　4.2　细集料表观密度试验（容量瓶法）
　　　　（参照 T0328—2005 执行）................ 58
　4.3　细集料堆积密度及紧装密度试验
　　　　（参照 T0331—1994 执行）................ 61
　4.4　细集料含水率试验
　　　　（参照 T0332—2005 执行）................ 66
　4.5　细集料含泥量试验（筛洗法）
　　　　（参照 T0333—2000 执行）................ 68
　4.6　细集料砂当量试验
　　　　（参照 T0334—2005 执行）................ 71
　4.7　细集料泥块含量试验
　　　　（参照 T0335—1994 执行）................ 77
5　矿粉试验 80
　5.1　矿粉筛分试验（水洗法）
　　　　（参照 T0351—2000 执行）................ 80
　5.2　矿粉密度试验（参照 T0352—2000 执行）..... 85
　5.3　矿粉亲水系数试验
　　　　（参照 T0353—2000 执行）................ 88
　5.4　矿粉加热安定性试验
　　　　（参照 T0355—2000 执行）................ 90

1 总则

1.0.1 为适应交通运输发展和公路建设的需要,提高试验检测工作质量和从业人员技术水平,保证工程安全可靠、经济合理,制定本手册。

1.0.2 本手册和学习光盘适用于公路工程岩石、粗集料、细集料、矿粉各参数的性能试验。其中为方便读者阅读,图、表、公式序号排法与规范序号保持一致。

1.0.3 本手册和学习光盘发布时,所引用规程、规范及其他相关技术标准和资料均为有效。当所引用版本更新时,本手册和学习光盘将同步更新发行。

2 岩石试验

2.1 单轴抗压强度试验(参照 T0221—2005 执行)

2.1.1 目的与适用范围

(1)单轴抗压强度试验是测定规则形状岩石试件单轴抗压强度的方法,主要用于岩石的强度分级和岩性描述。

(2)本方法采用饱和状态下的岩石立方体(或圆柱体)试件的抗压强度来评定岩石强度(包括碎石或卵石的原始岩石强度)。

(3)在某些情况下,试件含水状态还可根据需要选择天然状态、烘干状态或冻融循环后状态。试件的含水状态要在试验报告中注明。

2.1.2 主要检测设备

(1)压力试验机或万能试验机。

(2)钻石机、切石机、磨石机等岩石试件加工设备。

(3)烘箱、干燥器、游标卡尺、角尺及水池等。

2.1.3 试验准备

(1)建筑地基的岩石试验,采用圆柱体作为标准试件,直径为 50mm±2mm、高径比为 2:1。每组共 6 个试件。

(2)桥梁工程用的石料试验,采用立方体试件,边长为 70mm±2mm。每组共 6 个试件。

(3)路面工程的石料试验,采用圆柱体或立方体试件,其直径或边长和高均为 50mm±2mm。每组共 6 个试件。

(4)有显著层理的岩石,分别沿平行和垂直层理方向各取 6 个试件。试件上、下端面应平行和磨平,试件端面的平面度公差应小于 0.05mm,端面对于试件轴线垂直度偏差不应超过 0.25°。对于非标准圆柱体试件,试验后抗压强度试验值(R)按式(T0221-1)换算成高径比为 2:1 的标准抗压强度值(R_e)。

$$R_e = \frac{8R}{7 + 2D/H} \qquad (T0221\text{-}1)$$

式中:R_e——岩石的标准抗压强度,MPa;

R——非标准圆柱体试件的抗压强度值,MPa;

D——非标准圆柱体试件的直径,mm;

H——非标准圆柱体试件的高度,mm。

2.1.4 试验步骤

(1)用游标卡尺量取试件尺寸(精确至 0.1mm),对立方体试件在顶面和底面上各量取其边长,以各个面上相互平行的两个边长的算术平均值计算其承压面积。对于圆柱体试件在顶面和底面分别测量两个相互正交的直径,并以其各自的算术平均值分别计算底面和顶面的面积,取其顶面和底面面积的算术平均值作为计算抗压强度所用的截面面积。

(2)试件的含水状态可根据需要选择烘干状态、天然状态、饱和状态、冻融循环后状态。试件烘干和饱和状态应符合本规程 T0205 中相关条款的规定,试件冻融循环后状态应符合本规程 T0241 中相关条款的规定。

(3)按岩石强度性质,选定合适的压力机。将试件置于压力机的承压板中央,对正上、下承压板,不得偏心。

(4)以 0.5~1.0MPa/s 的速率进行加载直至破坏,记录破坏荷载及加载过程中出现的现象。抗压试件试验的最大荷载记录以 N 为单位,精度 1%。

2.1.5 试验结果计算

(1)岩石的抗压强度和软化系数分别按式(T0221-2)、式(T0221-3)计算。

$$R = \frac{P}{A} \quad (\text{T0221-2})$$

式中:R——岩石的抗压强度,MPa;

P——试件破坏时的荷载,N;

A——试件的截面积,mm^2。

$$K_p = \frac{R_w}{R_d} \quad (\text{T0221-3})$$

式中：K_p——软化系数；

R_w——岩石饱和状态下的单轴抗压强度，MPa；

R_d——岩石烘干状态下的单轴抗压强度，MPa。

（2）单轴抗压强度试验结果应同时列出每个试件的试验值及同组岩石单轴抗压强度的平均值；有显著层理的岩石，分别报告垂直与平行层理方向的试件强度的平均值。计算值精确至 0.1MPa。

软化系数计算值精确至 0.01，3 个试件平行测定，取算术平均值；3 个值中最大值与最小值之差不应超过平均值的 20%，否则应另取第 4 个试件，并在 4 个试件中取最接近的 3 个值的平均值作为试验结果，同时在报告中将 4 个值全部给出。

2.1.6 试验记录

单轴抗压强度试验记录应包括岩石名称、试验编号、试件描述、试件尺寸、破坏荷载、破坏形态。单轴抗压强度试验记录示例见表 T0221-1。

单轴抗压强度试验记录表　　表 T0221-1

试样编号	岩石类别	极限荷载（N）	试件截面面积（mm²）	抗压强度（MPa）		备注
				实测值	平均值	
1	石灰岩	356 000	2 500	142.4		
2	石灰岩	316 000	2 500	124.0		
3	石灰岩	285 000	2 500	114.0	145.4	—
4	石灰岩	318 000	2 500	127.2		
5	石灰岩	498 000	2 500	199.2		
6	石灰岩	414 000	2 500	165.6		
试样状态：饱水抗压			破坏形态：边角破裂			

2.1.7 试验规程及评定依据

(1)《公路工程岩石试验规程》(JTG E41—2005)。
(2)《公路沥青路面施工技术规范》(JTG F40—2004)。
(3)《公路桥涵施工技术规范》(JTG/T F50—2011)。

2.1.8 注意事项

(1)试件上下端面应平行和磨平,试件端面的平面度公差应小于0.05mm,端面对于试件轴线垂直度偏差不应超过0.25°。

(2)在试验过程中,将切割好的试样在压力机底座上摆平,不得使试样翘起。

3 粗集料试验

3.1 粗集料及集料混合料的筛分试验(参照 T0302—2005 执行)

3.1.1 目的与适用范围

(1)测定粗集料(碎石、砾石、矿渣等)的颗粒组成。对水泥混凝土用粗集料可采用干筛法筛分,对沥青混合料及基层用粗集料必须采用水洗法试验。

(2)本方法也适用于同时含有粗集料、细集料、矿粉的集料混合料筛分试验,如未筛碎石、级配碎石、天然沙砾、级配沙砾、无机结合料稳定基层材料、沥青拌和楼的冷料混合料、热料仓材料、沥青混合料经溶剂抽提后的矿料等。

3.1.2 主要检测设备

(1)试验筛:根据需要选用规定的标准筛。
(2)摇筛机。
(3)天平或台秤:感量不大于试样质量的0.1%。

(4)其他:盘子、铲子、毛刷等。

3.1.3 试验准备

(1)试样准备

按规定将来料用分料器或四分法缩分至表 T0302-1 要求的试样所需量,风干后备用。根据需要可按要求的集料最大粒径的筛孔尺寸过筛,除去超粒径部分颗粒后,再进行筛分。

筛分用的试样质量 表 T0302-1

公称最大粒径(mm)	75	63	37.5	31.5	26.5	19	16	9.5	4.75
试样质量不少于(kg)	10	8	5	4	2.5	2	1	1	0.5

(2)仪器准备

检查所用的试验检测仪器(电子天平、套筛、振筛机等),仪器功能应正常。

调平天平:检查水准气泡是否居中,如果不居中,调节天平下方的脚螺旋,直至水准气泡居中为止。

3.1.4 试验步骤

(1)水泥混凝土用粗集料干筛法试验步骤

①取试样一份置 105℃±5℃烘箱中烘干至恒重,称取干燥集料试样的总质量(m_0),精确至 0.1%。

②用搪瓷盘作筛分容器,按筛孔大小排列顺序逐个将集料过筛。人工筛分时,需使集料在筛面上同时有水平方向和上下方向的不停顿的运动,使小于筛孔的集料通过筛

2.5.3 试验准备

(1)试样准备

①本试验可分别采用不同的方法准备试样。各方法可按表 T 0131-2 准备试料。

试料用量　　　　　　表 T 0131-2

使用方法	类别	试筒内径（cm）	最大粒径（mm）	试料用量
干土法,试样不重复使用	b	10 15.2	20 40	至少 5 个试样,每个 3kg 至少 5 个试样,每个 6kg
湿土法,试样不重复使用	c	10 15.2	20 40	至少 5 个试样,每个 3kg 至少 5 个试样,每个 6kg

②干土法(土不重复使用)。按四分法至少准备 5 个试样,分别加入不同水分(按 2% ~3% 含水率递增),拌匀后闷料一夜备用。

③湿土法(土布重复使用)。对于高含水率土,可省略过筛步骤,用手拣除大于 40mm 的粗石子即可。保持天然含水率的第一个土样,可立即用于击实试验。其余几个试样,将图分成小土块,分别风干,使含水率按 2% ~ 3% 递减。

(2)仪器准备

设定烘箱温度 105 ~ 110℃。

2.5.4 试验步骤

(1)根据工程要求,按表 T 0131-1 规定选择轻型或者孔,直至1min内通过筛孔的质量小于筛上残余量的0.1%为止;当采用摇筛机筛分时,应在摇筛机筛分后再逐个由人工补筛。将筛出通过的颗粒并入下一号筛,和下一号筛中的试样一起过筛,顺序进行,直至各号筛全部筛完为止。应确认1min内通过筛孔的质量确实小于筛上残余量的0.1%。

③如果某个筛上的集料过多,影响筛分作业时,可以分两次筛分。当筛余颗粒的粒径大于19mm时,筛分过程中允许用手指轻轻拨动颗粒,但不得逐颗塞过筛孔。

④称取每个筛上的筛余量,精确至总质量的0.1%。各筛分计筛余量及筛底存量的总和与筛分前试样的干燥总质量m_0相比,相差不得超过m_0的0.5%。

(2)沥青混合料及基层用粗集料水洗法试验步骤

①取一份试样,将试样置105℃±5℃烘箱中烘干至恒重,称取干燥集料试样的总质量(m_3),精确至0.1%。

②将试样置一洁净容器中,加入足够数量的洁净水,将集料全部淹没,但不得使用任何洗涤剂、分散剂或表面活性剂。

③用搅棒或手充分搅动集料,使集料表面洗涤干净,使细粉悬浮在水中,但不得破碎集料或有集料从水中溅出。

④根据集料粒径大小选择组成一组套筛,其底部为0.075mm标准筛,上部为2.36mm或4.75mm筛。仔细将容器中混有细粉的悬浮液倒出,经过套筛流入另一容器中,尽量不将粗集料倒出,避免损坏标准筛筛面。

⑤重复②~④步骤,直至倒出的水洁净为止,必要时采用水流缓慢冲洗。

⑥将套筛的每个筛子上的集料及容器中的集料全部回收在一个搪瓷盘中,容器上不得有粘附的集料颗粒。

⑦在确保细粉不散失的前提下,小心泌去搪瓷盘中的积水,将搪瓷盘连同集料一起置于 105℃ ±5℃ 烘箱中烘干至恒重,称取干燥集料试样的总质量(m_4),精确至 0.1%。以 m_3 与 m_4 之差作为 0.075mm 筛下部分。

⑧将回收的干燥集料按干筛方法筛分出 0.075mm 筛以上各筛的筛余量,此时 0.075mm 筛下部分应为 0,如果尚能筛出,则应将其并入水洗得到的 0.075mm 的筛下部分,且表示水洗得不干净。

3.1.5 试验结果计算

(1)干筛法筛分结果的计算

①计算各筛分计筛余量及筛底存量的总和与筛分前试样的干燥总质量 m_0 之差,作为筛分时的损耗,并计算损耗率,记入表 T0302-2 之第(1)栏,若损耗率大于 0.3%,应重新进行试验。

$$m_5 = m_0 - (\sum m_i + m_底) \quad (\text{T0302-1})$$

式中:m_5——由于筛分造成的损耗量,g;

m_0——用于干筛的干燥集料总质量,g;

m_i——各号筛上的分计筛余量,g;

i——依次为 0.075mm、0.15mm、……、至集料最大

粒径的排序；

$m_底$——筛底(0.075mm 以下部分)集料总质量,g。

②干筛分计筛余百分率。干筛后各号筛上的分计筛余百分率按式(T0302-2)计算,记入表 T0302-2 之第(2)栏,精确至0.1%。

$$p'_i = \frac{m_i}{m_0 - m_5} \times 100 \qquad (T0302\text{-}2)$$

式中：p'_i——各号筛上的分计筛余百分率,%；

　　　m_5——由于筛分造成的损耗量,g；

　　　m_0——用于干筛的干燥集料总质量,g；

　　　m_i——各号筛上的分计筛余量,%；

　　　i——依次为 0.075mm、0.15mm、……、至集料最大粒径的排序。

③干筛累计筛余百分率。各号筛的累计筛余百分率为该号筛以上各号筛的分计筛余百分率之和,记入表 T0302-2 之第(3)栏,精确至0.1%。

④干筛各号筛的质量通过百分率。各号筛的质量通过百分率 P_i 等于 100 减去该号筛累计筛余百分率,记入表 T0302-2 之第(4)栏,精确至0.1%。

⑤由筛底存量除以扣除损耗后的干燥集料总质量,计算 0.075mm 筛的通过率。

⑥试验结果以两次试验的平均值表示,记入表 T0302-2 之第(5)栏,精确至0.1%。当两次试验结果 $P_{0.075}$ 的差值超过 1%时,试验应重新进行。

粗集料干筛法筛分记录

表 T0302-2

干燥试样总质量 m_3 (g)		第 1 组 3000				第 2 组 3000				平 均
筛孔尺寸 (mm)		筛上质量 m_i (g) (1)	分计筛余 (%) (2)	累计筛余 (%) (3)	通过百分率(%) (4)	筛上质量 m_i (g) (1)	分计筛余 (%) (2)	累计筛余 (%) (3)	通过百分率(%) (4)	通过百分率(%) (5)
	19	0	0	0	100	0	0	0	100	100
	16	696.3	23.2	23.2	76.8	699.4	23.3	23.3	76.7	76.7
	13.2	431.9	14.4	37.6	62.4	434.6	14.5	37.8	62.2	62.3
	9.5	801.0	26.7	64.4	35.6	802.3	26.8	64.6	35.4	35.5
水洗后干筛法筛分	4.75	989.8	33.0	97.4	2.6	985.3	32.9	97.4	2.6	2.6
	2.36	70.1	2.3	99.7	0.3	68.5	2.3	99.7	0.3	0.3
	1.18	8.2	0.3	100.0	0.0	7.9	0.3	100.0	0.0	0.0
	0.6	0.5	0.0	100.0	0.0	0.2	0.0	100.0	0.0	0.0
	0.3	0.0	0.0	100.0	0.0	0.0	0.0	100.0	0.0	0.0
	0.15	0.0	0.0	100.0	0.0	0.0	0.0	100.0	0.0	0.0
	0.075	0.0	0.0	100.0	0.0	0.0	0.0	100.0	0.0	0.0
	筛底 $m_底$	0.0				0.0				
	干筛后总量 Σm_i (g)	2997.8	100.0			2998.2	100.0			
	损耗量 m_5 (g)	2.2				1.8				
	损耗率 (%)	0.07				0.06				

(2)水洗法筛分结果的计算。

① 按式（T0302-3）、式（T0302-4）计算粗集料中 0.075mm 筛下部分质量 $m_{0.075}$ 和含量 $P_{0.075}$，精确至 0.1%。

$$m_{0.075} = m_3 - m_4 \quad (T0302\text{-}3)$$

$$P_{0.075} = \frac{m_{0.075}}{m_3} = \frac{m_3 - m_4}{m_3} \times 100 \quad (T0302\text{-}4)$$

式中：$P_{0.075}$——粗集料中小于 0.075mm 的含量（通过率），%；

　　　$m_{0.075}$——粗集料中水洗得到的小于 0.075mm 部分的质量，g；

　　　m_3——用于水洗的干燥粗集料总质量，g；

　　　m_4——水洗后的干燥粗集料总质量，g。

② 计算各筛分计筛余量及筛底存量的总和与筛分前试样的干燥总质量 m_4 之差，作为筛分时的损耗，并计算损耗率，记入表 T0302-3 之第（1）栏，若损耗率大于 0.3%，应重新进行试验。

$$m_5 = m_3 - (\Sigma m_i + m_{0.075}) \quad (T0302\text{-}5)$$

式中：m_5——由于筛分造成的损耗量，g；

　　　m_3——用于水筛筛分的干燥集料总质量，g；

　　　m_i——各号筛上的分计筛余量，g；

　　　i——依次为 0.075mm、0.15mm 至集料公称最大粒径的排序；

　　　$m_{0.075}$——水洗后得到的 0.075mm 以下部分质量，g，即 $(m_3 - m_4)$。

粗集料水筛法筛分记录   表 T0302-3

		第 1 组				第 2 组				平均
干燥试样总量 m_3(g)		3 000				3 000				
水洗后筛上总量 m_4(g)		2 879				2 868				
水洗后0.075mm筛下量 $m_{0.075}$(g)		121				132				
0.075mm通过率 $P_{0.075}$(%)		4.0				4.4				4.2
筛孔尺寸(mm)	筛上质量 m_i(g) (1)	分计筛余(%) (2)	累计筛余(%) (3)	通过百分率(%) (4)	筛上质量 m_i(g) (1)	分计筛余(%) (2)	累计筛余(%) (3)	通过百分率(%) (4)	通过百分率(%) (5)
水洗后干筛法筛分	19	5	0.2	0.2	99.8	0	0	0	100	99.9
	16	696.3	23.2	23.4	76.6	680.3	22.7	22.7	77.3	76.9
	13.2	882.3	29.4	52.8	47.2	839.2	28	50.7	49.3	48.2
	9.5	713.2	23.8	76.6	23.4	778.5	26	76.7	23.3	23.4
	4.75	343.4	11.5	88.1	11.9	348.7	11.6	88.3	11.7	11.8
	2.36	70.1	2.3	90.4	9.6	68.3	2.3	90.6	9.4	9.5
	1.18	87.5	2.9	93.3	6.7	79.1	2.6	93.2	6.8	6.7
	0.6	67.8	2.3	95.6	4.4	59.3	2	95.2	4.8	4.6
	0.3	4.6	0.2	95.7	4.3	4.3	0.1	95.3	4.7	4.5
	0.15	5.6	0.2	95.9	4.1	3.8	0.1	95.5	4.5	4.3
	0.075	2.3	0.1	96	4	4	0.1	95.6	4.4	4.2
	筛底 $m_底$	0				0				
干筛后总量 Σm_i(g)		2 878.1	96			2 865.5	95.6			
损耗 m_5(g)		0.9				2.5				
损耗率(%)		0.03				0.09				
扣除损耗后总量(g)		2 999.1				2 997.5				

③计算其他各筛的分计筛余百分率、累计筛余百分率、质量通过百分率,计算方法与"(1)"干筛法相同。当干筛时筛分有损耗时,应按"(1)"的方法从总质量中扣除损耗部分,将计算结果分别记入表 T0302-3 之第(2)、(3)、(4)栏。

3.1.6 试验记录

(1)试验结果以两次试验的平均值表示,记入表 T0302-3 之第(5)栏。

(2)筛分结果以各筛孔的质量通过百分率表示,宜记录为表 T0302-2 或表 T0302-3 的格式。

(3)对于沥青混合料、基层材料配合比设计用的集料,宜绘制集料筛分曲线,其横坐标为筛孔尺寸的 0.45 次方(表 T0302-4),纵坐标为普通坐标,如图 T0302-1 所示。

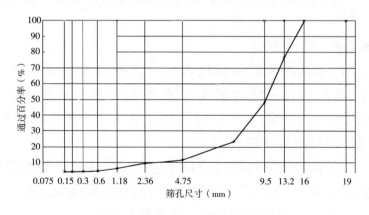

图 T0302-1 集料筛分曲线与矿料级配设计曲线

级配曲线的横坐标（按 $X = d_i^{0.45}$ 计算） 表 T0302-4

筛孔 d_i(mm)	0.075	0.15	0.3	0.6	1.18	2.36	4.75
横坐标 x	0.312	0.426	0.582	0.795	1.077	1.472	2.016
筛孔 d_i(mm)	9.5	13.2	16	19	26.5	31.5	37.5
横坐标 x	2.745	3.193	3.482	3.762	4.370	4.723	5.109

（4）试验精确度与允许误差

同一种集料至少取两个试样平行试验两次，取平均值作为每号筛上筛余量的试验结果，试验报告中给出集料级配组成、通过百分率及级配曲线。

3.1.7 试验规程及判定依据

（1）《公路工程集料试验规程》（JTG E42—2005）。

（2）《公路路面基层施工技术规范》（JTJ 034—2000）。

（3）《公路沥青路面施工技术规范》（JTG F40—2004）。

3.1.8 注意事项

（1）集料试验的取样代表性非常重要，因为在不同条件下，集料都有可能离析或变异，在试样四分法取样后应采用毛刷、铲刀等，对应收起因翻动而落在平板上的粉料，确保试验样品处于原样状态。

（2）水洗前后的集料应烘干至恒重，恒重系指相邻两次称量间隔时间大于 3h 的情况下，前后两次称量之差小于该项试验所要求的称量精度，通常不少于 6h。

（3）洗料过程中试样不得损失，不可直接将悬浮液倒至 0.075mm 筛上,以免集料掉出损坏筛面。

(4)必要时应将筛子反扣在搪瓷盘上,采用缓慢的水流以毛刷辅助,将粘在套筛上的细粉料仔细洗刷入搪瓷盘中。

(5)如果试验为含有粗集料的集料混合料,套筛筛孔根据需要选择。

(6)如果筛底 $m_{底}$ 的值不是 0,应将其并入 $m_{0.075}$ 中重新计算 $P_{0.075}$。

3.2 粗集料密度及吸水率试验(网篮法)(参照 T0304—2005 执行)

3.2.1 目的与适用范围

本方法适用于测定各种粗集料的表观相对密度、表干相对密度、毛体积相对密度、表观密度、表干密度、毛体积密度,以及粗集料的吸水率。

3.2.2 主要检测设备

(1)天平或浸水天平:可悬挂吊篮测定集料的水中质量,称量应满足试样数量称量要求,感量不大于最大称量的 0.05%。

(2)烘箱:能控温在 105℃±5℃。

(3)吊篮:耐锈蚀材料制成,直径和高度为 150mm 左右,四周及底部用 1~2mm 的筛网编制或具有密集的孔眼。

(4)溢流水槽:在称量水中质量时能保持水面高度一定。

(5)毛巾:纯棉制、洁净,也可用纯棉的汗衫布代替。

(6)温度计。

(7)标准筛。

(8)盛水容器(如搪瓷盘)。

(9)其他:刷子等。

3.2.3 试验准备

(1)调平天平。检查水准气泡是否居中,如果不居中,调节天平下方的脚螺旋,直至水准气泡居中为止。

(2)将试样用标准筛过筛,对较粗的集料采用4.75mm筛,对2.36~4.75mm集料,或者混在4.75mm以下石屑中的粗集料,则用2.36mm标准筛过筛,用四分法缩分至要求的质量,分两份备用。对沥青路面用粗集料,应对不同规格的集料分别测定,不得混杂,所取的每一份集料试样应基本上保持原有的级配。在测定2.36~4.75mm的粗集料时,试验过程中应特别小心,不得丢失集料。

(3)经缩分后供测定密度和吸水率的粗集料质量应符合表T0304-1的规定。

测定密度所需要的试样最小质量 表T0304-1

公称最大粒径(mm)	4.75	9.5	16	19	26.5	31.5	37.5	63	75
每一份的最小质量(kg)	0.8	1	1	1	1.5	1.5	2	3	3

(4)将每一份集料试样浸泡在水中,并适当搅动,仔细洗去附在集料表面的尘土和石粉,经多次漂洗干净至水清澈为止。清洗过程中不得散失集料颗粒。

3.2.4 试验步骤

(1)取试样一份装入干净的搪瓷盘中,注入洁净的水,水面至少应高出试样20mm,轻轻搅动石料,使附着石料上的气泡逸出。在室温下保持浸水24h。

(2)将吊篮挂在天平的吊钩上,浸入溢流水槽中,向溢流水槽中注水,水面高度至水槽的溢流孔,将天平调零。吊篮的筛网应保证集料不会通过筛孔流失,对2.36~4.75mm粗集料应更换小孔筛网,或在网篮中加放一个浅盘。

(3)调节水温在15~25℃。将试样移入吊篮中。溢流水槽中的水面高度由水槽的溢流孔控制,维持不变。称取集料的水中质量(m_w)。

(4)提起吊篮,稍稍滴水后,将试样倒入浅搪瓷盘中,或直接将较粗的粗集料倒在拧干的湿毛巾上。将较细的粗集料(2.36~4.75mm)连同浅盘一起取出,稍稍倾斜搪瓷盘,仔细倒出余水,将粗集料倒在拧干的湿毛巾上,用毛巾吸走漏出的自由水。此步骤需特别注意不得有颗粒丢失,或有小颗粒附在吊篮上。用拧干的湿毛巾轻轻擦干颗粒的表面水,至表面看不到发亮的水迹,即为饱和面干状态。当粗集料尺寸较大时,可逐颗擦干。注意对较粗的粗集料,拧湿毛巾时不要太用劲,防止拧得太干。对较细的含水较多的粗集料,毛巾可拧得稍干些。擦颗粒的表面水时,既要将表面水擦掉,又不能将颗粒内部的水吸出。整个过程中不得有集料丢失,且已擦干的集料不得继续在空气中放置,以防止集料干燥。

(5)立即在保持表干状态下,称取集料的表干质量(m_f)。

(6)将集料置于浅盘中,放入105℃±5℃的烘箱中烘干至恒重。取出浅盘,放在带盖的容器中冷却至室温,称取集料的烘干质量(m_a)。

(7)对同一规格的集料应平行试验两次,取平均值作为试验结果。

3.2.5 试验结果计算

(1)表观相对密度γ_a、表干相对密度γ_s、毛体积相对密度γ_b分别按式(T0304-1)、式(T0304-2)及式(T0304-3)计算,保留小数点后3位。

$$\gamma_a = \frac{m_a}{m_a - m_w} \quad (T0304\text{-}1)$$

$$\gamma_s = \frac{m_f}{m_f - m_w} \quad (T0304\text{-}2)$$

$$\gamma_b = \frac{m_a}{m_f - m_w} \quad (T0304\text{-}3)$$

式中:γ_a——集料的表观相对密度,纲量为1;

γ_s——集料的表干相对密度,纲量为1;

γ_b——集料的毛体积相对密度,纲量为1;

m_a——集料的烘干质量,g;

m_f——集料的表干质量,g;

m_w——集料的水中质量,g。

(2)集料的吸水率以烘干试样为基准,按式(T0304-4)计算,精确至0.01%。

$$w_x = \frac{m_f - m_a}{m_a} \times 100 \quad (T0304-4)$$

式中:w_x——粗集料的吸水率,%。

(3)粗集料的表观密度(视密度)ρ_a、表干密度ρ_s、毛体积密度ρ_b,分别按式(T0304-5)、式(T0304-6)及式(T0304-7)计算,保留至小数点后3位。不同水温条件下测量的粗集料表观密度需进行水温修正,不同试验温度下水的密度ρ_T及水的温度修正系数α_T见表T0304-2,此表适用于在15~25℃测定的情况。

$$\rho_a = \gamma_a \times \rho_T \text{ 或 } \rho_a = (\gamma_a - \alpha_T) \times \rho_w \quad (T0304-5)$$

$$\rho_s = \gamma_s \times \rho_T \text{ 或 } \rho_s = (\gamma_s - \alpha_T) \times \rho_w \quad (T0304-6)$$

$$\rho_b = \gamma_b \times \rho_T \text{ 或 } \rho_b = (\gamma_b - \alpha_T) \times \rho_w \quad (T0304-7)$$

式中:ρ_a——粗集料的表观密度,g/cm³;

ρ_s——粗集料的表干密度,g/cm³;

ρ_b——粗集料的毛体积密度,g/cm³;

ρ_T——试验温度T时水的密度,g/cm³;

ρ_w——水在4℃时的密度值,1.000g/cm³;

$α_T$——试验温度 T 时的水温修正系数。

不同水温时水的密度 $ρ_T$ 及水温修正系数 $α_T$ 表 T0304-2

水温(℃)	15	16	17	18	19	20
水的密度(g/cm^3)	0.999 13	0.998 97	0.998 80	0.998 62	0.998 43	0.998 22
水温修正系数	0.002	0.003	0.003	0.004	0.004	0.005
水温(℃)	21	22	23	24	25	
水的密度(g/cm^3)	0.998 02	0.997 79	0.997 56	0.997 33	0.997 02	
水温修正系数	0.005	0.006	0.006	0.007	0.007	

（4）重复试验的精密度,对表观相对密度、表干相对密度、毛体积相对密度,两次结果相差不得超过 0.02,对吸水率不得超过 0.2%。

3.2.6 试验记录

粗集料密度及吸水率试验记录示例见表 T0304-3。

粗集料密度及吸水率试验记录表　表 T0304-3

集料规格(mm)	次数	试样的烘干质量(g)	试样的水中质量(g)	试样的表干质量(g)	表观相对密度 测定值	表观相对密度 平均值	毛体积相对密度 测定值	毛体积相对密度 平均值	吸水率(%) 测定值	吸水率(%) 平均值	备注
10~15	1	1 222.3	774.5	1 229.9	2.730	2.729	2.684	2.682	0.62	0.64	水温 23℃
	2	1 314.5	832.6	1 323.1	2.728		2.680		0.65		

3.2.7 试验规程及评定依据

（1）《公路工程集料试验规程》(JTG E42—2005)。
（2）《公路沥青路面施工技术规范》(JTG F40—2004)。

(3)《公路水泥混凝土路面施工技术规范》(JTG F30—2003)。

(4)《公路桥涵施工技术规范》(JTG/T F50—2011)。

3.2.8 注意事项

(1)对2.36~4.75mm集料,用毛巾擦拭时容易黏附细颗粒集料,从而造成集料损失,此时宜改用洁净的纯棉布擦拭至表干状态。

(2)在擦拭过程中,要用拧过的湿毛巾进行擦拭,不得用干燥的毛巾进行擦拭,以免把集料内部水分吸出。

(3)在称取表干质量的过程中不得有集料颗粒丢失。

(4)恒重是指相邻两次称量间隔时间大于3h的情况下,其前后两次称量之差小于该项试验所要求的精密度,即0.1%。一般在烘箱中烘烤的时间不得少于4~6h。

3.3 粗集料密度及吸水率试验(容量瓶法)(参照T0308—2005执行)

3.3.1 目的与适用范围

(1)本方法适用于测定碎石、砾石等各种粗集料的表观相对密度、表干相对密度、毛体积相对密度、表观密度、表干密度、毛体积密度,以及粗集料的吸水率。

(2)本方法测定的结果不适用于仲裁及沥青混合料配合比设计计算理论密度时使用。

3.3.2 主要检测设备

(1)天平:称量应满足试样数量称量要求,感量不大于最大称量的0.05%。

(2)容量瓶:1 000mL,也可用磨口的广口玻璃瓶代替,并带玻璃片。

(3)标准筛:4.75mm、2.36mm。

(4)烘箱:能控温在105℃±5℃。

(5)其他:刷子、毛巾等。

3.3.3 试验准备

(1)调平天平:检查天平水准气泡是否居中,如果不居中,调节天平下方的脚螺旋,直至水准气泡居中为止。

(2)将试样过筛,对水泥混凝土用集料采用4.75mm筛,沥青混合料用集料采用2.36mm筛,分别筛去筛孔以下的颗粒。用四分法缩分至表T0308-1要求的质量,分两份备用。

测定密度所需要的试样最小质量　　表T0308-1

公称最大粒径(mm)	4.75	9.5	16	19	26.5	31.5	37.5	63	75
每一份试样的最小质量(kg)	0.8	1	1	1	1.5	1.5	2	3	3

(3)将每一份集料试样浸泡在水中,仔细洗去附在集料表面的尘土和石粉,经多次漂洗干净至水清澈为止。清洗过程中不得散失集料颗粒。

3.3.4 试验步骤

(1)取两份试样中的一份装入容量瓶(或广口瓶)中,注入洁净的水,水面高出试样,轻轻摇动容量瓶(或广口瓶),使附着在石料上的气泡逸出。盖上容量瓶塞(采用广口瓶时盖上玻璃片),在室温下浸水24h。3～5mm集料宜采用容量瓶,其他粒径集料采用广口瓶。

(2)向瓶中加水至容量瓶刻度线,然后盖上容量瓶塞,(采用广口瓶时向瓶中加水至水面凸出瓶口,用玻璃片沿广口瓶瓶口迅速滑行,使其紧贴瓶口水面。玻璃片与水面之间不得有空隙)。

(3)确认瓶中没有气泡,擦干瓶外的水分后,称取集料试样、水、瓶及瓶塞(或玻璃片)的总质量(m_2)。

(4)将试样倒入浅搪瓷盘中,稍稍倾斜搪瓷盘,倒掉流动的水,再用毛巾吸干漏出的自由水。需要时可称取带表面水的试样质量(m_4)。

(5)用拧干的湿毛巾轻轻擦干颗粒的表面水,至表面看不到发亮的水迹,即为饱和面干状态。当粗集料尺寸较大时,可逐颗擦干。注意拧湿毛巾时不要太用劲,防止拧得太干。擦颗粒的表面水时,既要将表面水擦掉,又不能将颗粒内部的水吸出。整个过程中不得有集料丢失。

(6)立即称取饱和面干集料的表干质量(m_3)。

(7)将集料置于浅盘中,放入105℃±5℃的烘箱中烘干至恒重。取出浅盘,放在带盖的容器中冷却至室温,称取集料的烘干质量(m_0)。

(8)将瓶洗净,重新装入洁净水至容量瓶刻度线,盖上容量瓶塞(采用广口瓶时向瓶中加水至水面凸出瓶口,用玻璃片紧贴广口瓶瓶口水面。玻璃片与水面之间不得有空隙,确认瓶中没有气泡)。擦干瓶外水分后称取水、瓶及容量瓶塞(或玻璃片)的总质量(m_1)。

3.3.5 试验结果计算

(1)表观相对密度γ_a、表干相对密度γ_s、毛体积相对密度γ_b分别按式(T0308-1)、式(T0308-2)、式(T0308-3)计算,保留小数点后3位。

$$\gamma_a = \frac{m_0}{m_0 + m_1 - m_2} \quad (\text{T0308-1})$$

$$\gamma_s = \frac{m_3}{m_3 + m_1 - m_2} \quad (\text{T0308-2})$$

$$\gamma_b = \frac{m_0}{m_3 + m_1 - m_2} \quad (\text{T0308-3})$$

式中:γ_a——集料的表观相对密度,量纲为1;

γ_s——集料的表干相对密度,量纲为1;

γ_b——集料的毛体积相对密度,量纲为1;

m_0——集料的烘干质量,g;

m_1——水、瓶及容量瓶塞(或玻璃片)的总质量,g;

m_2——集料试样、水、瓶及容量瓶塞(或玻璃片)的总质量,g;

m_3——集料的表干质量,g。

(2)集料的吸水率w_x、含水率w以烘干试样为基准,分别按式(T0308-4)、式(T0308-5)计算,精确至0.1%。

$$w_x = \frac{m_3 - m_0}{m_0} \times 100 \quad (\text{T0308-4})$$

$$w = \frac{m_4 - m_0}{m_0} \times 100 \quad (T0308-5)$$

式中：m_4——集料饱和状态下含表面水的湿质量，g；

w_x——集料的吸水率，%；

w——集料的含水率，%。

（3）当水泥混凝土集料需要以饱和面干试样作为基准求取集料的吸水率 w_x 时，按式（T0308-6）计算，精确至 0.1%，但需在报告中予以说明。

$$w_x = \frac{m_3 - m_0}{m_3} \times 100 \quad (T0308-6)$$

式中：w_x——集料的吸水率，%。

（4）粗集料的表观密度 ρ_a、表干密度 ρ_s、毛体积密度 ρ_b 分别按式（T0308-7）、式（T0308-8）、式（T0308-9）计算小数点后 3 位。不同水温条件下测量的粗集料表观密度需进行水温修正，不同试验温度下水的密度 ρ_T 及水的温度修正系数 α_T 见表 T0308-2，此表适用于在 15~25℃ 测定的情况。

$$\rho_a = \gamma_a \times \rho_T \text{ 或 } \rho_a = (\gamma_a - \alpha_T) \times \rho_w \quad (T0308-7)$$

$$\rho_s = \gamma_s \times \rho_T \text{ 或 } \rho_s = (\gamma_s - \alpha_T) \times \rho_w \quad (T0308-8)$$

$$\rho_b = \gamma_b \times \rho_T \text{ 或 } \rho_b = (\gamma_b - \alpha_T) \times \rho_w \quad (T0308-9)$$

式中：ρ_a——集料的表观密度，g/cm³；

ρ_s——集料的表干密度，g/cm³；

ρ_b——集料的毛体积密度，g/cm³；

ρ_T——试验温度 T 时水的密度，g/cm³；

ρ_w——水在 4℃ 时的密度值，1.000g/cm³；

α_T——试验温度 T 时的水温修正系数。

不同水温时水的密度 ρ_T 及水温修正系数 α_T　表 T0308-2

水温(℃)	15	16	17	18	19	20
水的密度(g/cm³)	0.999 13	0.998 97	0.998 80	0.998 62	0.998 43	0.998 22
水温修正系数	0.002	0.003	0.003	0.004	0.004	0.005
水温(℃)	21	22	23	24	25	
水的密度(g/cm³)	0.998 02	0.997 79	0.997 56	0.997 33	0.997 02	
水温修正系数	0.005	0.006	0.006	0.007	0.007	

(5)重复性试验的精密度,两次结果之差对相对密度不得超过0.02,对吸水率不得超过0.2%。

3.3.6　试验记录

粗集料密度及吸水率试验记录示例见表 T0308-3。

粗集料密度及吸水率试验记录表　表 T0308-3

集料规格(mm)	次数	试样的烘干质量(g)	水瓶及瓶塞(或玻璃片)的总质量(g)	集料试样、水、瓶及瓶塞(或玻璃片)的总质量(g)	试样的表干质量(g)	表观相对密度 测定值	表观相对密度 平均值	毛体积相对密度 测定值	毛体积相对密度 平均值	吸水率(%) 测定值	吸水率(%) 平均值	备注
10~15	一	1 438.4	685.6	1 602.2	1 443.5	2.757	2.754	2.730	2.727	0.35	0.36	—
	二	1 526.4	688.5	1 660.2	1 532.0	2.752		2.724		0.37		

3.3.7　试验规程及评定依据

(1)《公路工程集料试验规程》(JTG E42—2005)。
(2)《公路沥青路面施工技术规范》(JTG F40—2004)。
(3)《公路水泥混凝土路面施工技术规范》(JTG F30—2003)。

(4)《公路桥涵施工技术规范》(JTG/T F50—2011)。

3.3.8 注意事项

(1)水温应在 15~25℃,浸水最后 2h 内的水温相差不得超过 2℃。

(2)恒重是指相邻两次称量间隔时间大于 3h 的情况下,其前后两次称量之差小于该项试验所要求的精密度,即 0.1%。一般在烘箱中加热的时间不得少于 4~6h。

3.4 水泥混凝土用粗集料针片状颗粒含量试验(规准仪法)(参照 T0311—2005 执行)

3.4.1 目的与适用范围

(1)本方法适用于测定水泥混凝土使用的 4.75mm 以上的粗集料的针状及片状颗粒含量,以百分率计。

(2)本方法测定的针片状颗粒,是指使用专用规准仪测定的粗集料颗粒的最小厚度(或直径)方向与最大长度(或宽度)方向的尺寸之比小于一定比例的颗粒。

(3)本方法测定的粗集料中针片状颗粒的含量,可用于评价集料的形状及其在工程中的适用性。

3.4.2 主要检测设备

(1)水泥混凝土集料针状规准仪和片状规准仪如图 T0311-1 所示,片状规准仪的钢板基板厚度 3mm,尺寸应符合表T0311-1的要求。

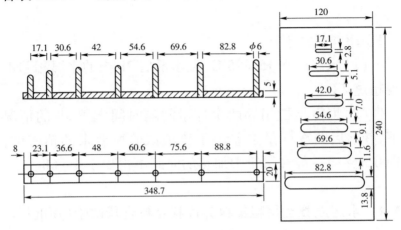

图T0311-1 针状与片状规准仪(尺寸单位:mm)

（2）天平或台秤:感量不大于称量值的0.1%。

（3）标准筛:筛孔孔径分别为4.75mm、9.5mm、16mm、19mm、26.5mm、31.5mm、37.5mm,试验时根据需要选用。

水泥混凝土集料针片状颗粒试验的粒级划分及其相应的规准仪孔宽或间距　　表T0311-1

粒级(方孔筛)(mm)	4.75~9.5	9.5~16	16~19	19~26.5	26.5~31.5	31.5~37.5
针状规准仪上相对应的立柱之间的间距宽(mm)	17.1(B1)	30.6(B2)	42.0(B3)	54.6(B4)	69.6(B5)	82.8(B6)
片状规准仪上相对应的孔宽(mm)	2.8(A1)	5.1(A2)	7.0(A3)	9.1(A4)	11.6(A5)	13.8(A6)

3.4.3 试验准备

(1)调平天平:将天平平放在操作台上,看水准气泡是否居中,如果不居中,调节天平下方的脚螺旋,直至水准气泡居中为止。

(2)将来样在室内风干至表面干燥,并用四分法或分料器法缩分至满足表 T0311-2 的质量,称量(m_0),然后筛分成表 T0311-2 所规定的粒级备用。

针片状颗粒试验所需的试样最小质量　　表 T0311-2

公称最大粒径(mm)	9.5	16	19	26.5	31.5	37.5	37.5	37.5
试样最小质量(kg)	0.3	1	2	3	5	10	10	10

3.4.4 试验步骤

(1)目测挑出近立方体的规则颗粒,将目测有可能属于针片状颗粒的集料按表 T0311-2 所规定的粒级用规准仪逐粒对试样进行针状颗粒鉴定,挑出颗粒长度大于针状规准仪上相应的间距而不能通过者,为针状颗粒。

(2)将通过针状规准仪上相应间距的非针状颗粒逐粒对试样进行片状颗粒鉴定,挑出厚度小于片状规准仪相应的间距而不能通过者,为片状颗粒。

(3)称量由各粒级挑出的针状颗粒和片状颗粒的质量,其总质量为 m_1。

3.4.5 试验结果计算

碎石或砾石中针片状颗粒含量按式(T0311-1)计算,

精确至0.1%。

$$Q_e = \frac{m_1}{m_0} \times 100 \quad （T0311\text{-}1）$$

式中：Q_e——试样的针片状颗粒含量，%；

m_1——试样中所含针状颗粒与片状颗粒的总质量，g；

m_0——试样总质量，g。

注：如果需要可以分别计算针状颗粒和片状颗粒的含量百分数。

3.4.6 试验记录

试验记录数据示例见表T0311-3。

粗集料针片状颗粒试验记录（规准仪法） 表T0311-3

岩石类别	次数	试样总质量（g）	针状颗粒 质量（g）	针状颗粒 含量（%）	片状颗粒 质量（g）	片状颗粒 含量（%）	平均值（%）	备注
石灰岩	1	2 235.6	67.2	3.0	94.2	4.2	7.0	
	2	2 350.2	70.5	3.0	90.5	3.8		
石灰岩	1	1 325.6	31.2	2.4	42.7	3.2	5.5	
	2	1 250.3	30.8	2.5	36.5	2.9		

3.4.7 试验规程及评定依据

（1）《公路工程集料试验规程》（JTG E42—2005）。

（2）《公路水泥混凝土路面施工技术规范》（JTG F30—2003）。

(3)《公路路面基层施工技术规范》(JTJ034—2000)。

(4)《公路水泥混凝土路面滑模施工技术规程》(JTJ/T 037.1—2000)。

(5)《公路隧道施工技术规范》(JTG/T F60—2009)。

(6)《公路桥涵施工技术规范》(JTG/T F50—2011)。

3.4.8 注意事项

规准仪法测定的针片状颗粒含量比 T0312 用游标卡尺法测定的 1∶3 要少得多。这一点务必注意,两个方法千万不能混用。

3.5 粗集料针片状颗粒含量试验(游标卡尺法)(参照 T 0312—2005 执行)

3.5.1 目的与适用范围

(1)本方法适用于测定粗集料的针状及片状颗粒含量,以百分率计。

(2)本方法测定的针片状颗粒,是指用游标卡尺测定的粗集料颗粒的最大长度(或宽度)方向与最小厚度(或直径)方向的尺寸之比大于 3 的颗粒。有特殊要求采用其他比例时,应在试验报告中注明。

(3)本方法测定的粗集料中针片状颗粒的含量,可用于评价集料的形状和抗压碎能力,以评定石料生产厂的生产水平及该材料在工程中的适用性。

3.5.2 主要检测设备

(1)天平:感量不大于1g。
(2)游标卡尺:精密度为0.1mm。
(3)标准筛:方孔筛4.75mm。

3.5.3 试验准备

(1)调平天平:检查天平水准气泡是否居中,如果不居中,调节天平下方的脚螺旋,直至水准气泡居中为止。

(2)按T0301方法采集粗集料试样,将取来的集料试样按四分法选取1kg左右的试样。对每一种规格的粗集料,应按照不同的公称粒径,分别取样检验。

3.5.4 试验步骤

(1)将试样用4.75mm标准筛过筛,取筛上部分供试验用,称取试样的总质量m_0,精确至1g,试样数量应不少于800g,并不少于100颗。

(2)将试样平摊于桌面上,首先用目测挑出接近立方体的颗粒,剩下可能属于针状和片状的颗粒。

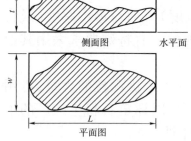

图 T0312-1 针片状颗粒稳定状态

(3)将欲测量的颗粒放在桌面上成一稳定的状态,图 T0312-1 中颗粒平面方向的最大长度为L,侧面厚度的最大尺寸为t,颗粒最大宽度

为 $w(t<w<L)$。用卡尺逐颗测量石料的 L 及 t，将 $L/t \geqslant 3$ 的颗粒（即最大长度方向与最大厚度方向的尺寸之比大于 3 的颗粒）分别挑出作为针片状颗粒。称取针片状颗粒的质量 m_1，精确至 1g。

3.5.5　试验结果计算

（1）按式（T0312-1）计算针片状颗粒含量。

$$Q_e = \frac{m_1}{m_0} \times 100 \qquad (\text{T0312-1})$$

式中：Q_e——针片状颗粒含量，%；

m_0——试验用的集料总质量，g；

m_1——针片状颗粒的质量，g。

（2）试验要平行测定两次，计算两次结果的平均值，如两次结果之差小于平均值的 20%，取平均值作为试验值；如大于或等于 20%，应追加测定一次，取三次结果的平均值作为测定值。

3.5.6　试验记录

粗集料针片状颗粒含量试验记录示例见表 T0312-1。

3.5.7　试验规程及评定依据

（1）《公路工程集料试验规程》（JTG E42—2005）。

（2）《公路沥青路面施工技术规范》（JTG F40—2004）。

粗集料针片状颗粒含量试验记录表(游标卡尺法)　　表 T0312-1

次数	试样总质量(g)	针片状颗粒质量(g)	针片状颗粒含量(%) 测定值	针片状颗粒含量(%) 平均值	备注
一	1 852	122	7	7	粒径>9.5mm
二	1 755	120	7		
一	812	66	8	9	粒径<9.5mm
二	855	72	9		

3.5.8　注意事项

(1)对 2.36~4.75mm 级粗集料,由于卡尺量取有困难,故一般不作测定。

(2)稳定状态是指平放的状态,不是直立状态,侧面厚度的最大尺寸 t 为图 T0312-1 中的颗粒顶部至平台的厚度,是在最薄的一个面上测量,但并非颗粒中最薄部位的厚度。

(3)可以对集料进行分档测定,试验前准备 4.75mm 和 9.5mm 标准筛将试样过筛,取 4.75~9.5mm 和大于 9.5mm 两档,用四分法缩分至要求的质量,对粒径 4.75~9.5mm 每份不少于 800g,对粒径大于 9.5mm 每份不少于 1 200g,且试样数量不少于 100 颗。

3.6　粗集料压碎值试验(参照 T0316—2005 执行)

3.6.1　目的与适用范围

集料压碎值用于衡量石料在逐渐增加的荷载下抵抗压碎的能力,是衡量石料力学性质的指标,以评定其在公路工程中的适用性。

3.6.2 主要检测设备

（1）石料压碎值试验仪：由内径 150mm、两端开口的钢制圆形试筒、压柱和底板组成，其形状和尺寸如图 T0316-1 和表 T0316-1 所示。试筒内壁、压柱的底面及底板的上表面等与石料接触的表面都应进行热处理，使表面硬化，达到维氏硬度 65℃ 并保持光滑状态。

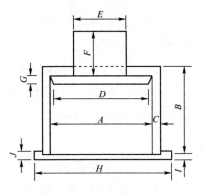

图 T0316-1 压碎指标值测定仪

试筒、压柱和底板尺寸　　　　表 T0316-1

部 位	符 号	名 称	尺寸(mm)
试筒	A	内径	150±0.3
	B	高度	125~128
	C	壁厚	≥12
压柱	D	压头直径	149±0.2
	E	压杆直径	100~149
	F	压柱总长	100~110
	G	压头厚度	≥25
底板	H	直径	200~220
	I	厚度(中间部分)	6.4±0.2
	J	边缘厚度	10±0.2

(2)金属棒:直径 10mm,长 450~600mm,一端加工成半球形。

(3)天平:称量 2g~3kg,感量不大于 1g。

(4)标准筛:筛孔尺寸 13.2mm、9.5mm、2.36mm 方孔筛各一个。

(5)压力机:500kN,应能在 10min 内达到 400kN。

(6)金属筒:圆柱形,内径 112.0mm,高 179.4mm,容积 1 767cm³。

3.6.3　试验准备

(1)调平天平:检查天平水准气泡是否居中,如果不居中,调节天平下方的脚螺旋,直至水准气泡居中为止。

(2)采用风干石料用 13.2mm 和 9.5mm 标准筛过筛,取 3 组 9.5~13.2mm 的试样各 3kg,供试验用。如过于潮湿需加热烘干时,烘箱温度不应超过 100℃,烘干时间不超过 4h。试验前,石料应冷却至室温。

(3)每次试验的石料数量应满足按下述方法夯击,夯击后石料在试筒内的深度为 100mm。

在金属筒中确定石料数量的方法如下:

将石料分 3 次(每次数量大致相同)均匀装入试模中,每次均将试样表面整平,用金属棒的半球面端从石料表面上均匀捣实 25 次。最后用金属棒作为直刮刀将表面仔细整平。称取量筒中试样质量(m_0)。以相同质量的试样进行压碎值的平行试验。

3.6.4 试验步骤

(1)将试筒安放在底板上。

(2)将要求质量的试样分3次(每次数量大体相同)均匀装入试模中,每次均将试样表面整平,用金属棒的半球面端从石料表面上均匀捣实25次。最后用金属棒作为直刮刀将表面仔细整平。

(3)将装有试样的试模放到压力机上,同时加压头放入试筒内石料面上,注意使压头摆平,勿楔挤试模侧壁。

(4)开动压力机,均匀地施加荷载,在10min左右的时间内总荷载达到400kN,稳压5s,然后卸荷。

(5)将试模从压力机上取下,取出试样。

(6)用2.36mm标准筛筛分经压碎的全部试样,可分几次筛分,均需筛到1min内无明显的筛出物为止。

(7)称取通过2.36mm筛孔的全部细料质量(m_1),精确至1g。

3.6.5 试验结果计算

(1)石料压碎值按式(T0316-1)计算,精确至0.1%。

$$Q'_a = \frac{m_1}{m_0} \times 100 \qquad (\text{T0316-1})$$

式中:Q'_a——石料压碎值,%;

m_0——试验前试样质量,g;

m_1——试验后通过2.36mm筛孔的细料质量,g。

(2)水泥混凝土用粗集料压碎值,采用本方法 T0316 试验后,利用图 T0316-2 的相关关系式 $y=0.816x-5$ 换算得到。

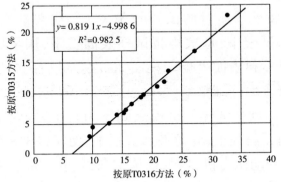

图 T0316-2　原规程两种不同试验方法压碎值结果的比较

(3)以3个试样平行试验结果的算术平均值作为压碎值的测定值。

3.6.6　试验记录

粗集料压碎值试验记录示例见表 T0316-2、表 T0316-3。

沥青路面用粗集料压碎值试验记录表　　表 T0316-2

次数	试验前试样质量(g)	通过2.36mm筛试样质量(g)	压碎值(%) 测定值	压碎值(%) 平均值	备注
1	2 652	500	18.9	18.9	—
2	2 652	505	19.0		
3	2 652	496	18.7		

水泥路面用粗集料压碎值试验记录表　　表 T0316-3

次数	试验前试样质量（g）	通过2.36mm筛试样质量（g）	压碎值(%)		平均值		备 注
			测定值	换算值	测定值	换算值	
1	2 652	500	18.9	10.4	18.9	10.4	—
2	2 652	505	19.0	10.5			
3	2 652	496	18.7	10.3			

3.6.7 试验规程及评定依据

(1)《公路工程集料试验规程》(JTG E42—2005)。

(2)《公路沥青路面施工技术规范》(JTG F40—2004)。

(3)《公路水泥混凝土路面施工技术规范》(JTG F30—2003)。

(4)《公路路面基层施工技术规范》(JTJ 034—2000)。

(5)《公路水泥混凝土路面滑模施工技术规程》(JTJ/T 037.1—2000)。

(6)《公路隧道施工技术规范》(JTG/T F60—2009)。

(7)《公路桥涵施工技术规范》(JTG/T F50—2011)。

3.6.8 注意事项

(1)压柱放入试筒内石料面上,注意使压柱摆平,勿使压柱楔挤筒壁。

(2)将筒内试样取出时,注意勿进一步压碎试样。

3.7 粗集料磨耗试验(洛杉矶法)(参照 T0317—2005 执行)

3.7.1 目的与适用范围

(1)测定标准条件下粗集料抵抗摩擦、撞击的能力,以磨耗损失(%)表示。

(2)本方法适用于各种等级规格集料的磨耗试验。

3.7.2 主要检测设备

(1)洛杉矶磨耗试验机:圆筒内径 710mm ±5mm,内侧长 510mm ±5mm,两端封闭,投料口的钢盖通过紧固螺栓和橡胶垫与钢筒紧闭密封。钢筒的回转速率为 30 ~33r/min。

(2)天平或台秤:感量 5g。

(3)钢球:直径约 46.8mm,质量为 390 ~445g,大小稍有不同,以便按要求组合成符合要求的总质量。

(4)标准筛:符合要求的标准筛系列,以及筛孔为 1.7mm 的方孔筛一个。

(5)烘箱:能使温度控制在 105℃ ±5℃范围内。

(6)容器:搪瓷盘等。

3.7.3 试验准备

(1)调平天平:检查水准气泡是否居中,如果不居中,调节天平下方的脚螺旋,直至水准气泡居中为止。

(2)将不同规格的集料用水冲洗干净,置烘箱中烘干至恒重。

(3)对所使用的集料,根据实际情况按表 T0317-1 选择最接近的粒级类别,确定相应的试验条件,按规定的粒级组成备料、筛分。其中水泥混凝土用集料宜采用 A 级粒度;沥青路面及各种基层、底基层的粗集料,表中的 16mm 筛孔也可用 13.2mm 筛孔代替;对非规格材料,应根据材料的实际粒度,从表 T0317-1 中选择最接近的粒级类别及试验条件。

3.7.4 试验步骤

(1)分级称量,精确至 5g,称取总质量(m_1),装入磨耗机之圆筒中。

(2)选择钢球,使钢球的数量及总质量符合表 T0317-1 中规定。将钢球加入钢筒中,盖好筒盖,紧固密封。

(3)将计数器调整到零位,设定要求的回转次数。对水泥混凝土集料,回转次数为 500 转,对沥青混合料集料,回转次数应符合表 T0317-1 的要求。开动磨耗机,以 30~33 r/min 转速转动至要求的回转次数为止。

(4)当圆筒停止转动后,关闭电源开关。方可进行下一步操作。

(5)取出钢球,将经过磨耗后的试样从投料口倒入接收容器(搪瓷盘)中。

(6)将试样用 1.7mm 的方孔筛过筛,筛去试样中被撞击磨碎的细屑。

表 T0317-1 粗集料洛杉矶磨耗试验条件

粒度类别	粒集组成（方孔筛）(mm)	试样质量 (g)	粗集料试样总质量 (g)	钢球数量 (个)	钢球总质量 (g)	次数 (转)	规格	适用的粗集料公称粒径 (mm)
A	26.5~37.5 19.0~26.5 16.0~19.0 9.5~16.0	1 250±25 1 250±25 1 250±25 1 250±10	5 000±10	12	5 000±25	500	S6 S7 S8	15~30 10~30 10~25
B	19.0~26.5 16.0~19.0	2 500±10 2 500±10	5 000±10	11	4 850±25	500	S9 S10 S11 S12	10~20 10~15 5~15 5~10
C	9.5~16.0 4.75~9.5	2 500±10 2 500±10	5 000±10	8	3 330±20	500	S13 S14	3~10 3~5
D	2.36~4.75	5 000±10	5 000±10	6	2 500±15	500		
E	63~75 53~63 37.5~53	2 500±50 2 500±50 5 000±50	10 000±100	12	5 000±25	1 000	S1 S2	40~75 40~60
F	37.5~53 26.5~37.5	5 000±50 5 000±25	10 000±75	12	5 000±25	1 000	S3 S4	30~60 25~50
G	26.5~37.5 19~26.5	5 000±25 5 000±25	10 000±50	12	5 000±25	1 000	S5	20~40

(7)用水冲干净留在筛上的碎石,置温度为105℃±5℃的烘箱中烘干至恒重(通常不少于4h),准确称量(m_2)。

3.7.5 试验结果计算

(1)按式(T0317-1)计算粗集料洛杉矶磨耗损失,精确至0.1%。

$$Q = \frac{m_1 - m_2}{m_1} \times 100 \qquad (T0317-1)$$

式中:Q——洛杉矶磨耗损失量,%;

m_1——装入圆筒中试样质量,g;

m_2——试验后在1.7mm(方孔筛)筛上的洗净烘干的试样质量,g。

(2)试验报告应记录所使用的粒级类别和试验条件。

(3)粗集料的磨耗损失取两次平行试验结果的算术平均值为测定值,两次试验的差值应不大于2%,否则须重做试验。

3.7.6 试验记录

粗集料磨耗试验记录示例见表 T0317-2。

粗集料磨耗试验记录表　　表 T0317-2

次数	试样质量(g)	试验后1.7mm筛上的试样质量(g)	洛杉矶磨耗损失		备注
			测定值(%)	平均值(%)	
1	5 000.0	4 025.2	19.5	19.2	C类
2	5 000.0	4 050.3	19.0		

3.7.7 试验规程及评定依据

(1)《公路工程集料试验规程》(JTG E42—2005)。

(2)《公路沥青路面施工技术规范》(JTG F40—2004)。

3.7.8 注意事项

(1)根据公称粒径选择粒度类别。

(2)试样倒入磨耗机内,要将磨耗机盖子拧紧,不得有集料在试验过程中被磨耗机甩出来,整个试验过程中不得有集料损失。

(3)在磨耗完成后筛分过程中,应在1.7mm的筛上加上2.36mm和4.75mm标准筛,以防止直接在1.7mm筛上筛分损坏时损坏筛孔。

3.8 粗集料软弱颗粒试验(参照T0320—2000执行)

3.8.1 目的与适用范围

测定碎石、砾石及破碎砾石中软弱颗粒含量。

3.8.2 主要检测设备

(1)天平:称量5kg,感量不大于5g。

(2)标准筛:孔径为4.75mm、9.5mm、16mm方孔筛。

(3)强度仪:0~1kN,精度不大于0.01kN。

(4)其他:浅盘、毛刷等。

3.8.3 试验准备

(1)调平天平:检查天平水准气泡是否居中,如果不居中,调节天平下方的脚螺旋,直至水准气泡居中为止。

(2)四分法称取风干试样 2kg(m_1),如颗粒粒径大于 31.5mm,则称取 4kg。

(3)根据应力环曲线确定 0.15 kN、0.25kN、0.34kN 所对应的百分表读数。

3.8.4 试验步骤

将称取的试样过筛分成 4.75~9.5mm、9.5~16mm、16mm 以上各 1 份;将每份中每一个颗粒大面朝下稳定平放在强度仪压头中心,按颗粒大小分别加以 0.15kN、0.25kN、0.34kN 荷载,根据应力环曲线读取相应的百分表读数,破裂的颗粒即属于软弱颗粒,将其弃去,称出未破裂颗粒的质量(m_2)。

3.8.5 试验结果计算

按式(T0320-1)计算软弱颗粒含量,精确至 0.1%。

$$P = \frac{m_1 - m_2}{m_1} \times 100 \quad (\text{T0320-1})$$

式中:P——粗集料的软弱颗粒含量,%;
m_1——各粒级颗粒总质量,g;
m_2——试验后各粒级完好颗粒总质量,g。

3.8.6 试验记录

粗集料软弱颗粒试验示例见表 T0320-1。

粗集料软弱颗粒试验记录表　　　　表 T0320-1

公称粒径 （mm）	试验前各粒级 颗粒质量(g)	试验后各粒级完好 颗粒质量(g)	各档软弱颗粒 含量(%)		备注
4.75~9.5	800.5	783.3	2.1		
9.5~16.0	812.3	795.6	2.1		
>16.0	985.6	985.6	0.0		—
各粒级颗粒 总质量(g)	2 598.4	2 564.5	软弱颗粒总 含量(%)	1.3	

3.8.7 试验规程及评定依据

（1）《公路工程集料试验规程》(JTG E42—2005)。

（2）《公路沥青路面施工技术规范》(JTG F40—2004)。

3.8.8 注意事项

（1）过筛后，针对性选择针片状颗粒进行试验。

（2）根据配合比设计，选择各档料的比例，3档料分别为：4.75~9.5mm、9.5~16mm、>16mm。

4 细集料试验

4.1 细集料筛分试验(参照 T0327—2005 执行)

4.1.1 目的与适用范围

测定细集料(天然砂、人工砂、石屑)的颗粒级配及粗细程度。对水泥混凝土用细集料可采用干筛法,如果需要也可采用水洗法筛分;对沥青混合料及基层用细集料必须用水洗法筛分。

4.1.2 主要检测设备

(1)标准筛。
(2)天平:称量1000g,感量不大于0.5g。
(3)摇筛机。
(4)烘箱:能控温在105℃±5℃。
(5)其他:浅盘和硬、软毛刷等。

4.1.3 试验准备

(1) 试样准备

根据样品中最大粒径的大小,选用适宜的标准筛。通常为9.5mm筛(水泥混凝土用天然砂)或4.75mm筛(沥青路面及基层用天然砂、石屑、机制砂等)。筛除其中的超粒径材料,然后将样品在潮湿状态下充分拌匀,用分料器法或四分法缩分至每份不少于550g的试样两份,在105℃±5℃的烘箱中烘干至恒重,冷却至室温后备用。

(2) 仪器准备

①检查所用的试验检测仪器(电子天平、套筛、振筛机等),仪器功能应正常。

②调平天平:检查水准气泡是否居中,如果不居中,调节天平下方的脚螺旋,直至水准气泡居中为止。

4.1.4 试验步骤

(1) 干筛法试验步骤

①准确称取烘干试样约500g(m_1),准确至0.5g,置于套筛的最上面一只,即4.75mm筛上,将套筛装入摇筛机,摇筛约10min,然后取出套筛,再按筛孔大小顺序,从最大的筛号开始,在清洁的浅盘上逐个进行手筛,直到每分钟的筛出量不超过筛上剩余量的0.1%时为止。将筛出通过的颗粒并入下一号筛,和下一号筛中的试样一起过筛,以此顺序进行至各号筛全部筛完为止。

②称量各筛筛余试样的质量,精确至0.5g。所有各筛

的分计筛余量和底盘中剩余量的总量与筛分前的试样总量,相差不得超过后者的 1%。

(2)水洗法试验步骤

①准确称取烘干试样约 500g(m_1),精确至 0.5g。

②将试样置一洁净容器中,加入足够数量的洁净水,将集料全部淹没。

③用搅棒充分搅动集料,将集料表面洗涤干净,使细粉悬浮在水中,但不得有集料从水中溅出。

④用 1.18mm 筛及 0.075mm 筛组成套筛,仔细将容器中混有细粉的悬浮液徐徐倒出,经过套筛流入另一容器中,但不得将集料倒出。

⑤重复②~④步骤,直至倒出的水洁净且小于 0.075mm 的颗粒全部倒出。

⑥将容器中的集料倒入搪瓷盘中,用少量水冲洗,使容器上粘附的集料颗粒全部进入搪瓷盘中,将筛子反扣过来,用少量的水将筛上集料冲入搪瓷盘中。操作过程中不得有集料散失。

⑦将搪瓷盘连同集料一起置于 105℃±5℃烘箱中烘干至恒重,称取干燥集料试样的总质量(m_2),精确至 0.1%。m_1 与 m_2 之差即为通过 0.075mm 筛部分。

⑧将全部要求筛孔组成套筛(但不需 0.075mm 筛),将已经洗去小于 0.075mm 部分的干燥集料置于套筛上(通常为 4.75mm 筛),将套筛装入摇筛机,摇筛约 10min,然后取出套筛,再按筛孔大小顺序,从最大的筛号开始,在清洁

的浅盘上逐个进行手筛,直至每分钟的筛出量不超过筛上剩余量的 0.1% 时为止。将筛出通过的颗粒并入下一号筛,和下一号筛中的试样一起过筛,这样顺序进行,直至各号筛全部筛完为止。

⑨称量各筛筛余试样的质量,精确至 0.5g。所有各筛的分计筛余量和底盘中剩余量的总质量与筛分前后试样总量 m_2 的差值不得超过后者的 1%。

4.1.5 试验结果计算

(1)计算分计筛余百分率。各号筛的分计筛余百分率为各号筛上的筛余量除以试样总量(m_1)的百分率,精确至 0.1%。对沥青路面细集料而言,0.15mm 筛下部分即为 0.075mm 的分计筛余,由⑦测得的 m_1 与 m_2 之差即为小于 0.075mm 的筛底部分。

(2)计算累计筛余百分率。各号筛的累计筛余百分率为该号筛与大于该号筛的各号筛的分计筛余百分率之和,精确至 0.1%。

(3)计算质量通过百分率。各号筛的质量通过百分率等于 100 减去该号筛的累计筛余百分率,精确至 0.1%。

(4)根据各筛的累计筛余百分率或通过百分率,绘制级配曲线。

(5)天然砂的细度模数按式(T0327-1)计算,精确至 0.01。

$$M_x = \frac{(A_{0.15} + A_{0.3} + A_{0.6} + A_{1.18} + A_{2.36}) - 5A_{4.75}}{100 - A_{4.75}} \quad (T0327-1)$$

式中： M_x——砂的细度模数；
$A_{0.15}, A_{0.3}, \cdots, A_{4.75}$——0.15mm,0.3mm,$\cdots$,4.75mm 各筛上的累计筛余百分率,%。

（6）进行两次平行试验,以试验结果的算术平均值作为测定值。如两次试验所得的细度模数之差大于0.2,应重新进行试验。

4.1.6 试验记录

（1）细集料筛分试验记录示例见表 T0327-1、表T0327-2。

（2）绘制集料筛分曲线,其横坐标为筛孔尺寸的 0.45 次方(表 T0327-3)纵坐标为普通坐标,如图 T0327-1 所示。

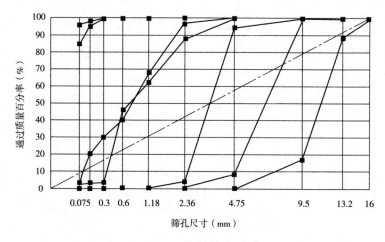

图 T0327-1　集料筛分曲线与矿料级配设计曲线

表 T0327-1 细集料干筛法筛分记录表

干燥试样总质量 m_3(g)	第1组				第2组				平均
筛孔尺寸(mm)	515.0				510.5				
	筛上质量 m_i(g)	分计筛余(%)	累计筛余(%)	通过百分率(%)	筛上质量 m_i(g)	分计筛余(%)	累计筛余(%)	通过百分率(%)	通过百分率(%)
	(1)	(2)	(3)	(4)	(1)	(2)	(3)	(4)	(5)
4.75	34.0	6.6	6.6	93.4	38.5	7.6	7.6	92.4	92.9
2.36	66.5	13.0	19.6	80.4	66.0	13.0	20.6	79.4	79.9
1.18	120.5	23.5	43.1	56.9	95.0	18.7	39.3	60.7	58.8
0.6	137.5	26.8	70.0	30.0	170.0	33.5	72.9	27.1	28.6
0.3	84.0	16.4	86.3	13.7	71.5	14.1	87.0	13.0	13.3
0.15	68.0	13.3	99.6	0.4	64.0	12.6	99.6	0.4	0.4
0.075	1.5	0.3	99.9	0.1	1.5	0.3	99.9	0.1	0.1
筛底 $m_底$	0.5	0.1			0.5	0.1			
干筛后总量 Σm_i(g)	512.5				507.0				
损耗 m_5(g)	2.5				3.5				
损耗率(%)	0.5				0.7				
细度模数				3.05				3.06	

细集料水筛法筛分记录表

表 T0327-2

	第 1 组				第 2 组				平均
干燥试样总质量 m_3 (g)	580.0				565.5				
水洗后筛上总质量 m_4 (g)	525.5				514.0				
水洗后0.075mm筛下质量 $m_{0.075}$ (g)	54.5				51.5				
0.075mm通过率 $P_{0.075}$ (%)	9.4				9.1				9.3
筛孔尺寸(mm)	筛上质量 m_i (g)	分计筛余 (%)	累计筛余 (%)	通过百分率 (%)	筛上质量 m_i (g)	分计筛余 (%)	累计筛余 (%)	通过百分率 (%)	通过百分率 (%)
	(1)	(2)	(3)	(4)	(1)	(2)	(3)	(4)	(5)
4.75	0.0	0.0	0.0	100.0	0.0	0.0	0.0	100.0	100.0
2.36	29.5	5.1	5.1	94.9	52.0	9.2	9.2	90.8	92.9
1.18	154.5	26.6	31.7	68.3	155.0	27.4	36.6	63.4	65.8
0.6	138.0	23.8	55.5	44.5	90.5	16.0	52.6	47.4	45.9
0.3	103.0	17.8	73.3	26.7	126.0	22.3	74.9	25.1	25.9
0.15	57.5	9.9	83.2	16.8	47.5	8.4	83.3	16.7	16.8

水洗后干筛法筛分

续上表

筛孔尺寸(mm)		筛上质量 m_i(g)	分计筛余(%)	累计筛余(%)	通过百分率(%)	筛上质量(g)	分计筛余(%)	累计筛余(%)	通过百分率(%)	通过百分率(%)
		(1)	(2)	(3)	(4)	(1)	(2)	(3)	(4)	(5)
0.075		42.5	7.3	90.5	9.5	42.0	7.4	90.7	9.3	9.4
水洗后干筛法筛分	筛底 $m_底$	0.0	0.0			0.0	0.0			
	干筛后总量 Σm_i(g)	525.0				513.0				
	损耗 m_s(g)	0.5				1.0				
	损耗率(%)	0.10				0.19				
	扣除损耗后总量(g)	579.5				564.5				

级配曲线的横坐标(按 $X = d_i^{0.45}$ 计算) 表 T0327-3

筛孔 d_i(mm)	0.075	0.15	0.3	0.6	1.18	2.36	4.75
横坐标 x	0.312	0.426	0.582	0.795	1.077	1.472	2.016
筛孔 d_i(mm)	9.5	13.2	16	19	26.5	31.5	37.5
横坐标 x	2.745	3.193	3.482	3.762	4.370	4.723	5.109

4.1.7 试验规程及判定依据

(1)《公路工程集料试验规程》(JTG E42—2005)。

(2)《公路路面基层施工技术规范》(JTJ 034—2000)。

(3)《公路沥青路面施工技术规范》(JTG F40—2004)。

(4)《公路水泥混凝土路面施工技术规范》(JTG F30—2003)。

(5)《公路桥涵施工技术规范》(JTG/T F50—2011)。

4.1.8 注意事项

(1)当细集料中含有粗集料时,可参照此方法用水洗法筛分,但需特别注意保护标准筛筛面不遭损坏。

(2)恒重系指相邻两次称量间隔时间大于3h(通常不少于6h)的情况下,前后两次称量之差小于该项试验所要求的称量精密度,下同。

(3)试样如为特细砂时,试样质量可减少到100g;如试样含泥量超过5%,不宜采用干筛法;无摇筛机时,可直接用手筛。

(4)不可直接倒至0.075mm筛上,以免集料掉出损坏筛面。

(5)如为含有粗集料的集料混合料,套筛筛孔根据需要选择。

4.2 细集料表观密度试验(容量瓶法)(参照 T0328—2005 执行)

4.2.1 目的与适用范围

用容量瓶法测定细集料(天然砂、石屑、机制砂)在 23℃时对水的表观相对密度和表观密度。本方法适用于含有少量大于 2.36mm 部分的细集料。

4.2.2 主要检测设备

(1)电子天平:称量 1kg,感量不大于 1g。
(2)容量瓶:500mL。
(3)烘箱:能控温在 105℃±5℃。
(4)洁净水。
(5)其他:干燥器、浅盘、铝制料勺、温度计、漏斗、滴管等。

4.2.3 试验准备

(1)调平天平:将天平平放在操作台上,看水准气泡是否居中,如果不居中,调节天平下方的脚螺旋,直至水准气泡居中为止。

(2)将缩分至650g左右的试样在温度为105℃±5℃的烘箱中烘干至恒重,并在干燥器内冷却至室温,分成两份备用。

4.2.4 试验步骤

(1)称取烘干的试样约300g(m_0),装入盛有半瓶洁净水的容量瓶中。

(2)摇转容量瓶,使试样在已保温至23℃±1.7℃的水中充分搅动以排除气泡,塞紧瓶塞,在恒温条件下静置24h左右,然后用滴管添水,使水面与瓶颈刻度线平齐,再塞紧瓶塞,擦干瓶外水分,称其总质量(m_2)。

(3)倒出瓶中的水和试样,将瓶的内外表面洁净,再向瓶内注入同样温度的洁净水(温差不超过2℃)至瓶颈刻度线,塞紧瓶塞,擦干瓶外水分,称其总质量(m_1)。

4.2.5 试验结果计算

(1)细集料的表观相对密度按式(T0328-1)计算,保留小数点后3位。

$$r_a = \frac{m_0}{m_0 + m_1 - m_2} \quad (\text{T0328-1})$$

式中:r_a——细集料的表观相对密度,无量纲;
  m_0—— 试样的烘干质量,g;
  m_1——水及容量瓶总质量,g;
  m_2——试样、水及容量瓶总质量,g。

（2）表观密度 ρ_a 按式（T0328-2）计算，精确至小数点后 3 位。

$$\rho_a = r_a \times \rho_T \text{ 或 } \rho_a = (r_a - \alpha_T) \times \rho_w \quad (\text{T0328-2})$$

式中：ρ_a——细集料的表观密度，g/cm^3；

ρ_w——水在 4℃ 时的密度，g/cm^3；

α_T——试验时水温对水密度影响的修正系数，按表 T0328-1 取用；

ρ_T——试验温度 T 时水的密度，g/cm^3，按表 T0328-1 取用。

不同水温时水的密度 ρ_T 及水温修正系数 α_T 　　表 T0328-1

水温（℃）	15	16	17	18	19	20
水的密度（g/cm^3）	0.99 913	0.99 897	0.99 880	0.99 862	0.99 843	0.99 822
水温修正系数	0.002	0.003	0.003	0.004	0.004	0.005
水温（℃）	21	22	23	24	25	
水的密度（g/cm^3）	0.99 802	0.99 779	0.99 756	0.99 733	0.99 702	
水温修正系数	0.005	0.006	0.006	0.007	0.007	

（3）以两次平行试验结果的算术平均值为测定值，如两次结果之差大于 0.01 g/cm^3 时，应重新取样进行试验。

4.2.6　试验记录

细集料表观密度试验记录示例见表 T0328-2。

细集料表观密度试验记录表 表 T0328-2

集料规格（mm）	次数	试样的烘干质量(g)	试样、水及容量瓶总质量(g)	水及容量瓶总质量(g)	表观相对密度 测定值	表观相对密度 平均值	表观密度 测定值(g/cm³)	表观密度 平均值(g/cm³)	备注
0~4.75	1	300.0	809.7	622.3	2.664	2.666	2.658	2.659	水温 23℃ 0.99756
	2	300.0	836.8	649.3	2.667		2.660		

4.2.7 试验规程及评定依据

(1)《公路工程集料试验规程》(JTG E42—2005)。

(2)《公路沥青路面施工技术规范》(JTG F40—2004)。

4.2.8 注意事项

(1)在砂的表观密度试验过程中应测量并控制水的温度,试验期间的温差不得超过1℃。

(2)在试验过程中,控制好养护温度。使容量瓶保持在一定温度下静置。

(3)试验结束后,集料在倒出过程中边旋转边倒出。

4.3 细集料堆积密度及紧装密度试验(参照 T0331—1994 执行)

4.3.1 目的与适用范围

测定砂自然状态下堆积密度、紧装密度及空隙率。

4.3.2 主要检测设备

(1)电子天平:称量5kg,感量5g。

(2)容量筒:金属制,圆筒形,内径108mm,净高109mm,筒壁厚2mm,筒底厚5mm,容积约为1L。

(3)标准漏斗,如图T0331-1所示。

(4)烘箱:能控温度在105℃±5℃。

4.3.3 试验准备

(1)调平天平:将天平平放在操作台上,看水准气泡是否居中,如果不居中,调节天平下方的脚螺旋,直至水准气泡居中为止。

(2)试样制备:用浅盘装来样约5kg,在温度为105℃±5℃的烘箱中烘干至恒重,取出冷却至室温,分成大致相等的两份备用。

(3)容量筒容积的校正方法:以温度为20℃±5℃的洁净水装满容量筒,用玻璃板沿筒口滑移,使其紧贴水面,玻璃板与水面之间不得有空隙。擦干筒外壁水分,然后称量,用式(T0331-1)计算筒的容积 V。

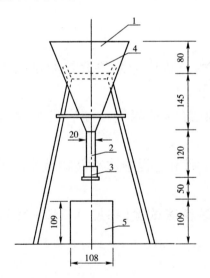

图 T0331-1 标准漏斗(尺寸单位:mm)
1-漏斗;2-20mm 管子;3-活动门;4-筛;5-金属

$$V = m'_2 - m'_1 \quad (T0331\text{-}1)$$

式中：V——容量筒的体积，mL；

m'_1——容量筒和玻璃板总质量，g；

m'_2——容量筒、玻璃板和水总质量，g。

4.3.4 试验步骤

(1)堆积密度：将试样装入漏斗中，打开底部的活动门，使砂流入容量筒中。也可直接用小勺向容量筒中装试样，但漏斗出料或料勺距容量筒筒口均应为50mm左右，试样装满并超出容量筒筒口，用直尺将多余的试样沿筒口中心线向两个相反方向刮平，称取质量(m_1)。

(2)紧装密度：取试样一份，分两层装入容量筒。装完一层后，在筒底垫放一根直径为10mm的钢筋，将筒按住，左右交替颠击地面各25次，共50次，然后再装入第二层。

第二层装满后用同样方法颠实(但筒底所垫钢筋的方向应与第一层放置方向垂直)。两层装完并颠实后，添加试样超出容量筒筒口，然后用直尺将多余的试样沿筒口中心线向两个反方向刮平，称其质量(m_2)。

4.3.5 试验结果计算

(1)堆积密度及紧装密度分别按式(T0331-2)、式(T0331-3)计算，保留小数点后3位。

$$\rho = \frac{m_1 - m_0}{V} \quad (T0331\text{-}2)$$

$$\rho' = \frac{m_2 - m_0}{V} \qquad (T0331\text{-}3)$$

式中：ρ——砂的堆积密度，g/cm^3；

ρ'——砂的紧装密度，g/cm^3；

m_0——容量筒的质量，g；

m_1——容量筒和堆积砂的总质量，g；

m_2——容量筒和紧装砂的总的质量，g；

V——容量筒容积，mL。

(2)砂的空隙率按式(T0331-4)计算，精确至0.1%。

$$n = \left(1 - \frac{\rho}{\rho_a}\right) \times 100 \qquad (T0331\text{-}4)$$

式中：n——砂的空隙率，%；

ρ——砂的堆积或紧装密度，g/cm^3；

ρ_a——砂的表观密度，g/cm^3。

(3)以两次平行试验结果的算术平均值作为测定值。

4.3.6　试验记录

细集料堆积密度及紧装密度试验记录示例见表T0331-1、表T0331-2。

4.3.7　试验规程及评定依据

(1)《公路工程集料试验规程》(JTG E42—2005)。

(2)《公路沥青路面施工技术规范》(JTG F40—2004)。

(3)《水泥混凝土路面施工技术规范》(JTG F30—2003)。

4 细集料试验

细集料堆积密度试验记录表

表 T0331-1

集料规格(mm)	试验次数	容量筒的体积(mL)	容量筒的质量(g)	试样与容量筒质量(g)	试样质量(g)	堆积密度 测定值(g/cm³)	堆积密度 平均值(g/cm³)	试样的表观密度(g/cm³)	空隙率(%)	备注
0~4.75	1	1 000	448.2	1 963.2	1 515.0	1.515	1.515	2.633	42.5	—
	2	1 000	448.2	1 963.0	1 514.8	1.515				

细集料紧装密度试验记录表

表 T0331-2

集料规格(mm)	试验次数	容量筒的体积(mL)	容量筒的质量(g)	试样与容量筒质量(g)	试样质量(g)	紧装密度 测定值(g/cm³)	紧装密度 平均值(g/cm³)	试样的表观密度(g/cm³)	空隙率(%)	备注
0~4.75	1	1 000	448.2	2 146.6	1 698.4	1.698	1.699	2.633	35.5	—
	2	1 000	448.2	2 147.8	1 699.6	1.700				

(4)《公路桥涵施工技术规范》(JTG/T F50—2011)。

4.3.8 注意事项

(1)试样烘干后如有结块,应在试验前先捏碎。

(2)颠击要左右各 25 次,且两次放的钢筋方向要垂直。

(3)颠击两次要垂直放置 10mm 的钢筋。

4.4 细集料含水率试验(参照 T 0332—2005 执行)

4.4.1 目的与适用范围

测定细集料的含水率。

4.4.2 主要检测设备

(1)电子天平:称量 2kg,感量不大于 2g。

(2)烘箱:能控温在 105℃ ±5℃。

(3)容器:浅盘等。

4.4.3 试验准备

调平天平:将天平平放在操作台上,看水准气泡是否居中,如果不居中,调节天平下方的脚螺旋,直至水准气泡居中为止。

4.4.4 试验步骤

(1)四分法称取试样两份,各约 500g。

(2)分别放入已知质量(m_1)的干燥容器中称量,记下每盘试样与容器的总量(m_2),将容器连同试样放入温度为105℃±5℃的烘箱中烘干至恒重,称烘干后的试样与容器的总量(m_3)。

4.4.5 试验结果计算

(1)按式(T0332-1)计算细集料的含水率,精确至0.1%。

$$w = \frac{m_2 - m_3}{m_3 - m_1} \times 100 \quad (\text{T0332-1})$$

式中:w——细集料的含水率,%;

m_1——容器质量,g;

m_2——未烘干的试样与容器总质量,g;

m_3——烘干后的试样与容器总质量,g。

(2)以两次试验结果的算术平均值为测定值。

4.4.6 试验记录

细集料含水率试验记录示例见表T0332-1。

集料含水率试验记录表　　　　表T0332-1

次数	容器质量(g)	容器+试样总质量(g)	容器+烘干试样总质量(g)	含水质量(g)	烘干试样质重(g)	含水率 测定值(%)	含水率 平均值(%)	备注
1	265.6	765.6	762.8	2.8	497.2	0.6	0.5	—
2	252.3	752.3	750.2	2.1	497.0	0.4		

4.4.7 试验规程及评定依据

(1)《公路工程集料试验规程》(JTG E42—2005)。
(2)《公路沥青路面施工技术规范》(JTG F40—2004)。

4.4.8 注意事项

把烘干后的试样放入干燥器中冷却,冷却至室温后再称其质量。

4.5 细集料含泥量试验(筛洗法)(参照 T0333—2000 执行)

4.5.1 目的与适用范围

(1)本方法仅用于测定天然砂中粒径小于 0.075mm 的尘屑、淤泥和黏土的含量。
(2)本方法不适用于人工砂、石屑等矿粉成分较多的细集料。

4.5.2 主要检测设备

(1)电子天平:称量 1kg,感量不大于 1g。
(2)烘箱:能控温在 105℃±5℃。
(3)标准筛:孔径 0.075mm 及 1.18mm 的方孔筛。
(4)其他:筒、浅盘等。

4.5.3 试验准备

(1)调平天平:将天平平放在操作台上,看水准气泡是否居中,如果不居中,调节天平下方的脚螺旋,直至水准气泡居中为止。

(2)将来样用四分法缩分至每份约1000g,置于温度为105℃±5℃的烘箱中烘干至恒重,冷却至室温后,称取约400g(m_0)的试样两份备用。

4.5.4 试验步骤

(1)取烘干的试样一份置于筒中,并注入洁净的水,使水面高出砂面约200mm,充分拌和均匀后,浸泡24h,然后用手在水中淘洗试样,使尘屑、淤泥和黏土与砂粒分离,并使之悬浮水中,缓缓地将浑浊液倒入1.18mm与0.075mm的套筛上,滤去小于0.075mm的颗粒。试验前筛子的两面应先用水湿润,在整个试验过程中应注意避免砂粒丢失。

(2)再次加水于筒中,重复上述过程,直至筒内砂样洗出的水清澈为止。

(3)用水冲洗剩留在筛上的细粒,并将0.075mm筛放在水中(使水面略高出筛中砂粒的上表面)来回摇动,以充分洗除小于0.075mm的颗粒;然后将两筛上筛余的颗粒和筒中已经洗净的试样一并装入浅盘,置于温度为105℃±5℃的烘箱中烘干至恒重,冷却至室温,称取试样的质量(m_1)。

4.5.5 试验结果计算

(1)砂的含泥量按式(T0333-1)计算,保留至0.1%。

$$Q_n = \frac{m_0 - m_1}{m_0} \times 100 \qquad (\text{T0333-1})$$

式中:Q_n——砂的含泥量,%;

m_0——试验前的烘干试样质量,g;

m_1——试验后的烘干试样质量,g。

(2)以两个试样试验结果的算术平均值作为测定值。两次结果的差值超过0.5%时,应重新取样进行试验。

4.5.6 试验记录如下

细集料含泥量试验记录示例见表T0333-1。

集料含泥量试验记录表　　表T0333-1

规格(mm)	次数	试验前的烘干试样质量(g)	试验后的烘干试样质量(g)	含泥量 测定值(%)	含泥量 平均值(%)	备注
0~4.75	1	400.0	381.2	4.7	4.6	—
	2	400.0	382.1	4.5		

4.5.7 试验规程及评定依据

(1)《公路工程集料试验规程》(JTG E42—2005)。

(2)《公路沥青路面施工技术规范》(JTG F40—2004)。

(3)《公路桥涵施工技术规范》(JTG/T F50—2011)。

4.5.8 注意事项

不得将试样直接放在 0.075mm 筛上用水冲洗,或者将试样放在 0.075mm 筛上后在水中淘洗,以免误将小于 0.075mm 的砂颗粒当作泥冲走。

4.6 细集料砂当量试验(参照 T0334—2005 执行)

4.6.1 目的与适用范围

(1)本方法适用于测定天然砂、人工砂、石屑等各种细集料中所含的黏性土或杂质的含量,以评定集料的洁净程度。砂当量用 SE 表示,砂当量试验仪如图 T0334-1 所示。

(2)本方法适用于公称最大粒径不超过 4.75mm 的集料。

4.6.2 主要检测设备

(1)仪具

①透明圆柱形试筒:透明塑料制,外径 40mm ± 0.5mm,内径 32mm ± 0.25mm,高度 420mm ± 0.25mm。在距试筒底

图 T0334-1 砂当量试验仪

部 100mm、380mm 处刻划刻度线,试筒口配有橡胶瓶口塞。

②冲洗管:由一根弯曲的硬管组成,不锈钢或冷锻钢制,其外径为 6mm ± 0.5mm,内径为 4mm ± 0.2mm。管的上部有一个开关,下部有一个不锈钢两侧带孔尖头,孔径为 1mm ± 0.1mm。

③透明玻璃或塑料桶:容积5L,有一根虹吸管放置桶中,桶底面高出工作台约1m。

④橡胶管(或塑料管):长约1.5m,内径约5mm,同冲洗管连在一起吸液用,配有金属夹,以控制冲洗液流量。

⑤配重活塞:由长440mm±0.25mm的杆、直径25mm±0.1mm的底座(下面平坦、光滑、垂直杆轴)、套筒和配重组成。且在活塞上有三个横向螺栓可保持活塞在试筒中间,并使活塞与试筒之间有一条小缝隙。套筒为黄铜或不锈钢制,厚10mm±0.1mm,大小适合试筒并且引导活塞杆,能标记筒中活塞下沉的位置。套筒上有一个螺钉用以固定活塞杆。配重为1kg±5g。

⑥电子天平:称量1kg,感量不大于0.1g。

⑦机械振荡器:可以使试筒产生横向的直线运动振荡,振幅203mm±1.0mm,频率180次/min±2次/min。

⑧烘箱:能控温在105℃±5℃。

⑨秒表。

⑩标准筛:筛孔为4.75mm。

⑪温度计:0~50℃。

⑫广口漏斗:玻璃或塑料制,口的直径100mm左右。

⑬钢板尺:长50cm,刻度1mm。

⑭其他:量筒(500mL)、烧杯(1L)、塑料桶(5L)、烧杯、刷子、盘子、刮刀、勺子等。

(2)试剂

①无水氯化钙($CaCl_2$):分析纯,含量96%以上,分子

量110.99,纯品为无色立方结晶,在水中溶解度大,溶解时放出大量热,它的水溶液呈微酸性,具有一定的腐蚀性。

②丙三醇($C_3H_8O_3$):又称甘油。分析纯,含量98%以上,分子量92.09。

③甲醛(HCHO):分析纯,含量36%以上,分子量30.03。

④洁净水或纯净水。

4.6.3 试验准备

(1)试样制备

①调平天平:将天平平放在操作台上,看水准气泡是否居中,如果不居中,调节天平下方的脚螺旋,直至水准气泡居中为止。

②将样品通过孔径4.75mm筛,去掉筛上的粗颗粒部分,试样数量不少于1000g。如样品过分干燥,可在筛分之前加少量水分湿润(含水率约为3%),用包橡胶的小锤打碎土块,然后再过筛,以防止将土块作为粗颗粒筛除。当粗颗粒部分被在筛分时不能分离的杂质裹覆时,应将筛上部分的粗集料进行清洗,并回收其中的细粒放入试样中。

③按T 0332的方法测定试样含水率。试验用的样品,在测定含水率和取样试验期间不要丢失水分。

由于试样是加水湿润过的,对试样含水率应按现行含水率测定方法进行,含水率以两次测定的平均值计,精确至0.1%。经过含水率测定的试样不得用于试验。

④称取试样的湿重

根据测定的含水率按式(T0334-1)计算相当于120g干燥试样的样品湿重,精确至0.1g。

$$m_1 = \frac{120 \times (100 + \omega)}{100}$$ （T0334-1）

式中：ω——集料试样的含水率,%；

m_1——相当于干燥试样120g时的潮湿试样的质量,g。

(2)配制冲洗液

①冲洗液的浓度以每升冲洗液中的氯化钙、甘油、甲醛含量分别为2.79g、12.12g、0.34g控制。称取配制5L冲洗液的各种试剂用量：氯化钙14.0g；甘油60.6g；甲醛1.7g。

②称取无水氯化钙14.0g放入烧杯中,加洁净水30ml充分溶解,此时溶液温度会升高,待溶液冷却至室温,观察是否有不溶的杂质,若有必须用滤纸将溶液过滤,以除去不溶的杂质。

③然后倒入适量洁净水稀释,加入甘油60.6g,用玻璃棒搅拌均匀后再加入甲醛1.7g,用玻璃棒搅拌均匀后全部倒入1L量筒中,并用少量洁净水分别对盛过3种试剂的器皿洗涤3次,每次洗涤的水均放入量筒中,最后加入洁净水至1L刻度线处。

④将配制的1L溶液倒入塑料桶或其他容器中,再加入4L洁净水或纯净水稀释至5L±0.005L。该冲洗液的使用期限不得超过2周,超过2周后必须废弃,其工作温度为22℃±3℃。

3.6.4 试验步骤

(1)用冲洗管将冲洗液加入试筒直到最下面的100mm刻度处(约需80mL试验用冲洗液)。

(2)把相当于120g±1g干料重的湿样用漏斗仔细地倒入竖立的试筒中。

(3)用手掌轻轻敲打试筒下部,以除去气泡,并使试样尽快润湿,然后放置10min。

(4)在试样静止10min±1min后,在试筒上塞上橡胶塞堵住试筒,将试筒水平固定在振荡机上。

(5)开动机械振荡机,在30s±1s的时间内振荡90次。

(6)将冲洗液插入试筒中,用冲洗液冲洗附在试筒壁上的集料,然后将冲洗管插入试筒底部,不断转动冲洗管,使附着在集料表面的土粒杂质浮游上来。

(7)缓慢匀速向上拔出冲洗管,当冲洗管抽出液面,且保持液面位于380mm刻度线时,切断冲洗管的液流,使液面保持在380mm刻度线,然后开动秒表在没有扰动的情况下静置20min±15s。

(8)在静置20min后,用钢尺量测从试筒底部到絮状物上液面的高度h_1,精确至1mm。

(9)将配重活塞徐徐插入试筒里,直至碰到沉淀物时,立即拧紧套筒上的固定螺丝。将活塞取出,用直尺插入套筒开口中,量取套筒顶面至活塞底面的高度h_2,准确至1mm。同时记录试筒内的温度,精确至1℃。

(10)按上述步骤进行2个试样的平行试验。

4.6.5 试验结果计算

(1)试样的砂当量值按式(T0334-2)计算。

$$SE = \frac{h_2}{h_1} \times 100 \qquad (T0334\text{-}2)$$

式中:SE——试样的砂当量,%;

　　h_2——试筒中用活塞测定的集料沉淀物的高度,mm;

　　h_1——试筒中絮凝物和沉淀物的总高度,mm。

(2)精确度与允许误差

一种集料应平行测定两次,取两个试样的平均值,并以活塞测得砂当量为准,并以整数表示。

4.6.6 试验记录

细集料砂当量试验记录示例见表T0334-1。

细集料砂当量试验记录表　　　　表T0334-1

集料规格(mm)	次数	集料沉淀物的高度(mm)	絮凝物和沉淀物的总高度(mm)	砂当量 SE(%) 测定值	砂当量 SE(%) 平均值(%)	备注
0~4.75	1	82	102	80.4	80	筒内水温23℃
	2	84	105	80.0		

4.6.7 试验规程及评定依据

(1)《公路工程集料试验规程》(JTG E42—2005)。

(2)《公路沥青路面施工技术规范》(JTG F40—2004)。

4.6.8 注意事项

（1）为了不影响沉淀的过程，试验必须在无振动的水平台上进行。随时检查试验的冲洗管口，防止堵塞。

（2）由于塑料在太阳光下容易变成不透明，应尽量避免塑料桶等直接暴露在太阳光下，盛试验溶液的塑料桶用毕要清洗干净。

（3）砂当量试验配制冲洗液的药品注意防潮，应放在干燥的地方进行保存。

（4）试验完成后将试验用玻璃器皿清洗干净，不得有溶液粘附在玻璃器皿上。

4.7 细集料泥块含量试验（参照 T0335—1994 执行）

4.7.1 目的与适用范围

测定水泥混凝土用砂中颗粒大于 1.18mm 的泥块的含量。

4.7.2 主要检测设备

（1）电子天平：称量 2kg，感量不大于 2g。
（2）烘箱：能控温在 105℃ ±5℃。
（3）标准筛：孔径 0.6mm 及 1.18mm。
（4）其他：洗砂用的筒及烘干用的浅盘等。

4.7.3 试验准备

（1）调平天平：将天平平放在操作台上，看水准气泡是否居中,如果不居中,调节天平下方的脚螺旋,直至水准气泡居中为止。

(2)将来样用四分法缩分至每份约2500g,置于温度为105℃±5℃的烘箱中烘干至恒重,冷却至室温后,用1.18mm筛筛分,取筛上的砂约400g分为两份备用。

4.7.4 试验步骤

(1)取试样一份200g(m_1)置于容器中,并注入洁净的水,使水面至少超出砂面约200mm,充分拌混均匀后,静置24h,然后用手在水中捻碎泥块,再把试样放在0.6mm筛上,用水淘洗至水清澈为止。

(2)筛余下来的试样应小心地从筛里取出,并在105℃±5℃的烘箱中烘干至恒重,冷却至室温后称量(m_2)。

4.7.5 试验结果计算

(1)砂中的泥块含量按式(T0335-1)计算,精确至0.1%。

$$Q_k = \frac{m_1 - m_2}{m_1} \times 100 \qquad (\text{T0335-1})$$

式中:Q_k——砂中大于1.18mm的泥块含量,%;

m_1——试验前存留于1.18mm筛上的烘干试样量,g;

m_2——试验后的烘干试样量,g。

(2)取两次平行试验结果的算术平均值作为测定值。两次结果的差值如超过0.4%,应重新取样进行试验。

4.7.6 试验记录

细集料泥块含量试验记录示例见表T0335-1。

集料泥块含量试验记录表　　　表T0335-1

集料规格(mm)	次数	试验前的烘干试样质量(g)	试验后的烘干试样质量(g)	泥块含量 测定值(%)	泥块含量 平均值(%)	备注
0~1.18	1	200.0	192.3	3.8	3.9	—
	2	200.0	192.1	4.0		

4.7.7 试验规程及评定依据

(1)《公路工程集料试验规程》(JTG E42—2005)。
(2)《公路沥青路面施工技术规范》(JTG F40—2004)。
(3)《公路桥涵施工技术规范》(JTG/T F50—2011)。

4.7.8 注意事项

在淘洗过程中,应注意不得有集料损失。

5 矿粉试验

5.1 矿粉筛分试验(水洗法)(参照 T0351—2000 执行)

5.1.1 目的与适用范围

测定矿粉的颗粒级配。同时适用于测定供拌制沥青混合料用的其他填料,如水泥、石灰、粉煤灰的颗粒级配。

5.1.2 主要检测设备

(1)标准筛:孔径为 0.6mm、0.3mm、0.15mm、0.075mm。
(2)天平:感量不大于 0.1g。
(3)烘箱:能控温在 105℃ ±5℃。
(4)搪瓷盘。
(5)橡皮头研杵。

5.1.3 试验准备

(1)调平天平:检查水准气泡是否居中,如果不居中,调节天平下方的脚螺旋,直至水准气泡居中为止。

(2)将矿粉试样放入105℃±5℃的烘箱中烘干至恒重,冷却,称取100g,精确至0.1g。如有矿粉团粒存在,可用橡皮头研杵轻轻研磨粉碎。

5.1.4 试验步骤

(1)将0.075mm筛装在筛底上,仔细倒入矿粉,盖上筛盖。手工轻轻筛分,至大体上筛不下去为止。存留在筛底上的小于0.075mm部分可弃去。

(2)除去筛盖和筛底,按筛孔大小顺序套成套筛。将存留在0.075mm筛上的矿粉倒回0.6mm筛上,在自来水龙头下方接一胶管,打开自来水,用胶管的水轻轻冲洗矿粉过筛,0.075mm筛下部分任其流失,直至流出的水色清澈为止。水洗过程中,可以适当用手搅动试样,加速矿粉过筛,待上层筛冲洗干净后,取0.6mm筛,接着从0.3mm筛或0.15mm筛上冲洗,不得直接冲洗0.075mm筛。

(3)分别将各筛上的筛余反过来用小水流仔细冲洗各个搪瓷盘中,待筛余沉淀后,稍稍倾斜搪瓷盘,仔细除去清水,放入105℃烘箱中烘至恒重。称取各号筛上的筛余量,精确至0.1g。

5.1.5 试验结果计算

(1)各号筛上的筛余量除以试样总量的百分率,即为各号筛的分计筛余百分率,精确至0.1%。用100减去0.6mm、0.3mm、0.15mm、0.075mm各筛的分计筛余百分率,即为通过 0.075mm 筛的通过百分率,加上 0.075mm 筛的分计筛余百分率即为 0.15mm 筛的通过百分率,依次类推,计算出各号筛的通过百分率,精确至 0.1%。

(2)精确度与允许误差

以两次平行试验结果的平均值作为试验结果。各号筛的通过率相差不得大于2%。

5.1.6 试验记录

矿粉筛分试验记录示例见表 T0351-1。

5.1.7 试验规程及评定依据

(1)《公路工程集料试验规程》(JTG E42—2005)

(2)《公路沥青路面施工技术规范》(JTG F40—2004)

5.1.8 注意事项

(1)自来水的水量不可太大、太急,防止损坏筛面或将矿粉冲出,水不得从两层筛之间留出,宜装有防溅水龙头。当现场缺乏自来水时,也可由人工浇水冲洗。

(2)如直接在 0.075mm 筛上冲洗,将可能使筛面变形,筛孔堵塞,或者造成矿粉与筛面发生共振,不能通过筛孔。

5 矿粉试验

矿粉筛分试验记录表

表 T0351-1

筛孔尺寸(mm)	第一组 筛上质量(g) 1	分计筛余(%) 2	累计筛余(%) 3	通过百分率(%) 4	第二组 筛上质量(g) 1	分计筛余(%) 2	累计筛余(%) 3	通过百分率(%) 4	平均 通过百分率(%) 5
干燥试样总质量(g)	100.0				100.0				
水洗后筛上总质量(g)	10.0				10.1				
水洗后筛下质量(g)	90.0				89.9				
0.075mm通过率(%)	90.0				89.9				90.0
水洗后干筛法筛分 4.75	—	—	—	—	—	—	—	—	—
2.36	—	—	—	—	—	—	—	—	—
1.18	—	—	—	—	—	—	—	—	—
0.6	0.0	0.0	0.0	100.0	0.0	0.0	0.0	100.0	100.0
0.3	0.3	0.3	0.3	99.7	0.3	0.3	0.3	99.7	99.7
0.15	1.7	1.7	2.0	98.0	1.7	1.7	2.0	98.0	98.0

续上表

筛孔尺寸(mm)		筛上质量(g) 1	分计筛余(%) 2	累计筛余(%) 3	通过百分率(%) 4	筛上质量(g) 1	分计筛余(%) 2	累计筛余(%) 3	通过百分率(%) 4	通过百分率(%) 5
水洗后干筛法筛分	0.075	8.0	8.0	10.0	90.0	8.1	8.1	10.1	89.9	90.0
	筛底	0.0	—	—	—	0.0	—	—	—	—
	干筛后总质量(g)	10.0	—	—	—	10.1	—	—	—	—
损耗(g)		0.0	—	—	—	0.0	—	—	—	—
损耗率(%)		0.00	—	—	—	0.00	—	—	—	—
扣除损耗后总质量(g)		100.0	—	—	—	100.0	—	—	—	—
细度模数						—				

5.2 矿粉密度试验(参照 T 0352—2000 执行)

5.2.1 目的与适用范围

用于检验矿粉的质量,供沥青混合料配合比设计计算使用,同时适用于测定供拌制沥青混合料用的其他填料(如水泥、石灰、粉煤灰)的相对密度。

5.2.2 主要检测设备

(1)李氏比重瓶:容量为250mL或300mL。
(2)天平:感量不大于0.01g。
(3)烘箱:能控温在105℃±5℃。
(4)恒温水槽:能控温在20℃±0.5℃。
(5)其他:瓷皿、小牛角匙、干燥器、漏斗等。

5.2.3 试验准备

调平天平:将天平平放在操作台上,看水准气泡是否居中,如果不居中,调节天平下方的脚螺旋,直至水准气泡居中为止。

5.2.4 试验步骤

(1)将代表性矿粉试样置瓷皿中,在105℃烘箱中烘干至恒重(一般不少于6h),放入干燥器中冷却后,连同小牛角匙、漏斗一起准确称量(m_1),精确至0.01g,矿粉质量应不少于200g。

(2)向比重瓶中注入蒸馏水,至刻度为 0~1mL,将比重瓶放入20℃的恒温水槽中,静放至比重瓶中的水温不再变化为止(一般不少于2h),读取比重瓶中水面的刻度,精确至0.02mL。

(3)用小牛角匙将矿粉试样通过漏斗徐徐加入比重瓶中,待比重瓶中水的液面上至接近比重瓶的最大读数时为止,轻轻摇晃比重瓶,使比重瓶中的空气充分逸出。再次将比重瓶放入恒温水槽中,待温度不再变化时,读取比重瓶的读数(V_2),精确至0.02mL。整个试验过程中,比重瓶中的水温变化不得超过1℃。

(4)准确称取牛角匙、瓷皿、漏斗及剩余矿粉的质量(m_2),精确至0.01g。

5.2.5 试验结果计算

(1)按式(T0352-1)、式(T0352-2)计算矿粉的密度和相对密度,精确至小数点后3位。

$$\rho_f = \frac{m_1 - m_2}{V_2 - V_1} \qquad (T0352\text{-}1)$$

$$\gamma_f = \frac{\rho_f}{\rho_\omega} \qquad (T0352\text{-}2)$$

式中:ρ_f——矿粉的密度,g/cm³;

γ_f——矿粉对水的相对密度,无量纲;

m_1——牛角匙、瓷皿、漏斗及试验前瓷器中矿粉的干燥质量,g;

m_2——牛角匙、瓷皿、漏斗及试验后瓷器中矿粉的干燥质量,g;

V_1——加矿粉以前比重瓶的初读数,mL;

V_2——加矿粉以后比重瓶的终读数,mL;

ρ'_ω——试验温度时水的密度。

(2)精确度与允许误差

同一试样应平行试验两次,取平均值作为试验结果。两次试验结果的差值不得大于$0.01g/cm^3$。

5.2.6 试验记录

矿粉密度试验记录示例见表 T0352-1。

矿粉密度试验记录表　　　　表 T0352-1

规格	次数	矿粉的干燥质量(g)	比重瓶的初读数(mL)	比重瓶的终读数(mL)	矿粉的密度		表观相对密度		水的密度(g/cm^3)
					测定值(g/cm^3)	平均值(g/cm^3)	测定值	平均值	
矿粉	1	59.12	0.95	23.00	2.681	2.682	2.686	2.688	0.998 22
	2	60.82	0.36	23.02	2.684		2.689		

5.2.7 试验规程及评定依据

(1)《公路工程集料试验规程》(JTG E42—2005)。

(2)《公路沥青路面施工技术规范》(JTG F40—2004)。

5.2.8 注意事项

(1)对亲水性矿粉应采用煤油作介质测定,方法相同。

(2)装矿粉过程中,不停摇晃至气泡充分溢出。

5.3 矿粉亲水系数试验(参照 T0353—2000 执行)

5.3.1 目的与适用范围

矿粉的亲水系数即矿粉试样在水(极性介质)中膨胀的体积与同一试样在煤油(非极性介质)中膨胀的体积之比,用于评价矿粉与沥青结合料的黏附性能。本方法也适用于测定供拌制沥青混合料用的其他填料如水泥、石灰、粉煤灰的亲水系数。

5.3.2 主要检测设备

(1)量筒:50mL 两个,刻度至 0.5mL。

(2)天平:感量不大于 0.01g。

(3)研钵及有橡皮头的研杵。

(4)煤油:在温度 270℃ 分馏得到的煤油,并经杂黏土过滤而得到者(过滤用杂黏土应先经加热至 250℃,加热时间 3h,待其冷却后使用)。

(5)烘箱。

5.3.3 试验准备

调平天平:将天平平放在操作台上,看水准气泡是否居中,如果不居中,调节天平下方的脚螺旋,直至水准气泡居中为止。

5.3.4 试验步骤

（1）称取烘干至恒重的矿粉5g（精确至0.01g），将其放在研钵中，加入15~30mL的蒸馏水，用橡皮研杵仔细磨5min，然后用洗瓶把研钵中的悬浮液洗入量筒中，使量筒中的液面恰为50mL。然后用玻璃棒搅和悬浮液。

（2）同上法将另一份同样重量的矿粉，用煤油仔细研磨后将悬浮液冲洗移入另一量筒中，液面亦为50mL。

（3）将上两量筒静置，使量筒内液体中的颗粒沉淀。

（4）每天两次记录沉淀物的体积，直至体积不变为止。

5.3.5 试验结果计算

（1）亲水系数按式（T0353-1）计算。

$$\eta = \frac{V_B}{V_H} \quad (T0353\text{-}1)$$

式中：η——亲水系数，无量纲；

V_B——水中沉淀物体积，mL；

V_H——煤油中沉淀物体积，mL。

（2）平行测定两次，以两次测定值的平均值作为试验结果。

5.3.6 试验记录

矿粉亲水系数试验记录示例见表T0353-1。

矿粉亲水系数试验记录表　　　表T0353-1

规格	次数	水中沉淀物体积(mL)	煤油中沉淀物体积(mL)	亲水系数 测定值	亲水系数 平均值	备注
矿粉	1	4.8	9.6	0.5	0.5	—
	2	4.9	9.4	0.5		

5.3.7　试验规程及评定依据

（1）《公路工程集料试验规程》（JTG E42—2005）。

（2）《公路沥青路面施工技术规范》（JTG F40—2004）。

5.3.8　注意事项

在冲洗过程中务必将研钵中的矿粉冲洗干净,倒入容量瓶内。

5.4　矿粉加热安定性试验（参照 T0355—2000 执行）

5.4.1　目的与适用范围

（1）矿粉的加热安定性是矿粉在热拌过程中受热而不产生变质的性能。

（2）矿粉的加热安定性用于评价矿粉(除石灰石粉、磨细生石灰粉、水泥外)易受热变质的成分的含量。

5.4.2　主要检测设备

（1）蒸发皿或坩埚:可存放 100g 矿粉。

（2）加热装置:煤气炉或电炉。

（3）温度计:最小刻度为 1℃。

（4）电子天平。

5.4.3　试验准备

调平天平:将天平平放在操作台上,看水准气泡是否居中,如果不居中,调节天平下方的脚螺旋,直至水准气泡居中为止。

5.4.4 试验步骤

(1)称取矿粉100g两份,装入蒸发皿或坩埚中,摊开。

(2)将盛有矿粉的蒸发皿或坩埚置于电磁炉上加热,将温度计插入矿粉中,一边搅动矿粉,一边测量温度,加热到200℃,关闭火源。

(3)将矿粉在室温中放置冷却,观察矿粉颜色的变化。

5.4.5 试验结果判定

报告矿粉在受热后的颜色变化,判断矿粉的变质情况。

5.4.6 试验记录

矿粉亲水系数试验记录示例见表T0355-1。

矿粉加热安定性试验记录表　　　　表T0355-1

试验次数	1	2
试样质量(g)	100.0	100.0
结果描述	无颜色变化	无颜色变化
备注	—	

5.4.7 试验规程及评定依据

(1)《公路工程集料试验规程》(JTG E42—2005)。

(2)《公路沥青路面施工技术规范》(JTG F40—2004)。

5.4.8 注意事项

(1)火成岩石粉,在拌和过程中会发生较严重的变质,可采用此方法进行检验。

(2)根据矿粉在加热过程中的颜色变化情况,判断矿粉是否变质。